# さあ、海外旅行で温泉へ行こう

親切ガイド
世界の名湯50選

絶景温泉探検家
鈴木浩大

みらい
PUBLISHING

# はじめに

本書は『ほぼ本邦初紹介！世界の絶景温泉』に続く海外温泉本の第2弾。日本で知られていない温泉ばかりを紹介した前著は、幸いなことに多くの皆様から支持を得た。一方、「世界を代表する温泉、海外旅行で実際に行けるような温泉を紹介してほしい」との声をたくさん頂戴した。これを受け、誕生したのが本書である。

〈最高の温泉を厳選〉

5万を超えるといわれる世界の温泉から、以下のような方針で50か所を選んだ。

一、浸かって気持ちいい温泉

欧米では飲泉文化が盛んで「飲むだけの温泉」が多いし、間欠泉や噴泉を見るだけの観光地も世界にはたくさんある。だが、日本人の多くは、温泉といえば浸かることをイメージするので、最高の入浴気分を味わえる温泉を厳選した。

二、見るだけでワクワクする温泉

海外で温泉に入浴したものの、「単なる温水プールだった」「消毒剤のニオイが不快だった」という声をよく聞く。確かに、学校のプールのような長方形の「浴槽」から温泉情緒を感じるのは難しい。このため、入浴できるのはもちろん、「見た目にも美しく楽しい温泉」「その国の文化や雰囲気が伝わる温泉」を厳選した。

三、海外旅行のついでに行ける温泉

実際に「行ってみたい」と思ってもらえるよう、2つの視点から6つの特集を組んでみた。①「人気の観光地への旅のついでに湯巡りできる」エリアとして、フィレンツェとトスカーナ州（イタリア）、台湾、バリ島

（インドネシア）を選んだ。②より本格的に海外温泉旅を楽しみたい人のために、温泉が集中していて湯巡りに最適なハンガリー、ニュージーランド、アイスランドをとりあげた。そのほかの国についても、一般的な観光旅行のついでに行けるような温泉を厳選した。

四、筆者が太鼓判を押す温泉

部屋にいながらにしてあらゆる情報が入手できる便利な時代だが、温泉のニオイや入浴感は体験しないとわからない。見た目がよくても消毒液のニオイにガッカリということもあるし、周囲の治安が心配な温泉もある。本書で紹介する温泉は、すべて筆者が実際に訪れ、写真もすべて筆者が撮影したものである。現地で「体感」したからこそわかる情報を詳しく紹介するように心がけた。

〈温泉旅行の計画に使える〉

海外旅行に関するガイドブックは数多くあるが、温泉だけをターゲットに絞ったものは見当たらない。そこで、日本で初の本格的な海外温泉ガイドブックを目指した。「どの国へ行こう」「何を準備したらいい？」といった疑問に応えるために、海外温泉旅行の計画に役立つ実用的な情報をできるだけ豊富に記載した。

コロナ禍が一段落し、海外への旅行熱が再び高まってきた今、「海外旅行のついでに湯巡り」という新しい旅のスタイルをぜひ楽しんでもらえたら嬉しい。

鈴木浩大

# 世界の温泉の楽しみ方

本書は、「実際に使える旅行ガイドブック」であるとともに、「写真を眺めて楽しめるビジュアルガイド」を兼ね備えており、以下のような構成とした。

## ＜世界の温泉を楽しむ３つの視点＞

**「析出物」、「歴史と伝統」、「景観」をキーワードに3つの章を設けた。**

### 01 温泉が生み出した奇跡の造形を楽しむ

温泉に溶け込んでいた成分が固まったものを「析出物」という。湯の注ぎ口や浴室の床を覆う析出物は日本各地の温泉で見られる。世界に目を向けると、析出物が驚異的に成長し、目を見張るような造形を生み出した温泉が数多くある。析出物の中では炭酸カルシウムを主成分とする「石灰華」が有名で、形状によって、石灰棚、石灰華ドーム、石灰華滝などに分類される。長い時間をかけて形成された圧巻の析出物を堪能して浸かれるホンモノの温泉を紹介する。

### 02 長い歴史と伝統に育まれた温泉

道後（愛媛県）、有馬（兵庫県）、白浜（和歌山県）は、奈良時代に編纂された「日本書紀」に紹介されており、三古湯と呼ばれている。世界には、聖書に登場する湯滝や古代ギリシャ時代の戦場になった温泉など、数千年もの歴史を有する温泉がある。この章では、古代の温泉からオスマン帝国、ハプスブルグ帝国、第二次世界大戦まで、時代はさまざまだが、歴史と伝統に育まれた特筆すべき温泉を厳選して紹介する。

### 03 大自然と調和した極上の絶景温泉

見渡す限りの広大な露天風呂、海や大平原を見下ろす絶景湯、深山幽谷の隠れ湯、色とりどりの濁り湯、迫力のある噴泉や珍しい泥湯、川や滝や湖そのものが温泉。日本人は目でも楽しめる温泉を好み、美しい景観は温泉の楽しさを倍加する。世界各地の絶景温泉の中から、特に景観やロケーションにこだわって、気持ちよく浸かれる温泉を紹介する。

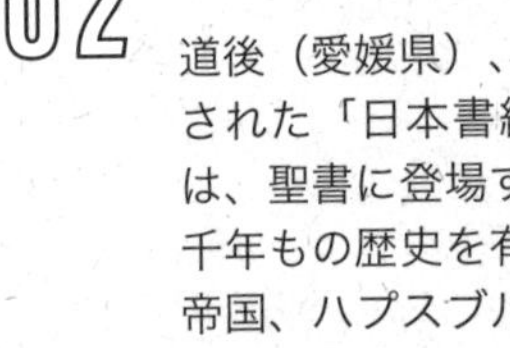

棚田のような石灰棚
（サトゥルニア／ p.14）

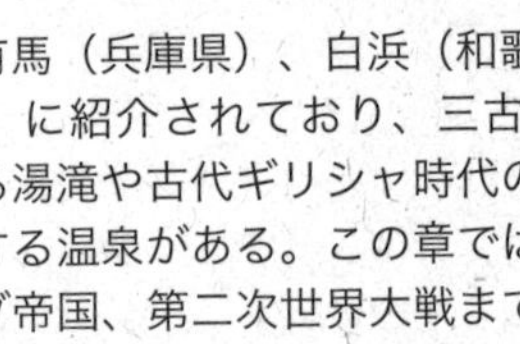

お椀を伏せたような石灰華ドーム
（レッドヒル／ p.37）

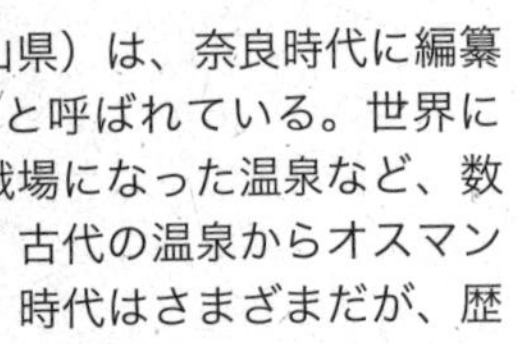

垂直方向に発達した石灰華滝
（イエルベ・エル・アグア／ p.28）

## ＜6つの特集と実用的な旅行情報＞

温泉旅行のイメージが湧くように、各章の冒頭で6つのエリアの温泉を「特集」した。海外旅行に慣れた人はともかく、多くの読者にとっては、行きたい温泉が見つかっても、「普通の海外旅行と何が違うのか」「温泉までの移動手段をどうやって確保するのか」などの疑問が次々と生じると思われる。このため、「特集」でとりあげた国の特徴を比べつつ、海外温泉旅行に役立つ実用的な情報を整理した。

イタリア・トスカーナ州／p.10

台湾／p.58

ハンガリー／p.72

インドネシア・バリ島／p.116

ニュージーランド／p.126

アイスランド／p.140

## ＜2種類のコラム＞

それぞれの温泉紹介の最後に、こぼれ話のような短いコラムを挿入するとともに、本書で紹介できなかったタイプの温泉についてのコラムを各章末に書き加えた。例えば、2021年にドイツやチェコなど、7か国11の都市が「ヨーロッパの大温泉保養都市群」として、世界遺産に登録されている。18世紀以降の温泉医学の発達にともない、温泉を飲んで健康を維持するための施設がヨーロッパの各地に整備された。飲泉施設の周囲には、豪華なホテルやカジノ、劇場が併設され、長期の滞在客を楽しませる温泉街が形成された。バーデン・バーデン（ドイツ）やカルロヴィ・ヴァリ（チェコ）などは、今でもヨーロッパを代表する温泉都市（スパタウン）である。温泉プールを備えた都市もあるが、多くの場合、源泉をろ過・消毒した温泉水を用いている。日本の温泉町とかなり異なるため、好みは分かれるが、いずれにしても本書の主題である「浸かって気持ちいい温泉」とは言いにくい。このため、コラムで簡潔に紹介するにとどめたが、「源泉かけ流しの温泉入浴」などにこだわらなければ、スパタウンがなぜヨーロッパ人に愛されてきたのかを理解できる。いつか機会があれば詳しく紹介してみたい。

ご注意ください！

# この本の使い方

本書で紹介する温泉はすべて筆者が実際に訪ねたもので、写真もすべて筆者が撮影した。その後の改修などによって、現状と異なるものがあるかもしれないが、ご了承いただきたい。また、学術書ではないので、泉質については「炭酸泉」、「硫黄臭」など、イメージしやすい言葉を用いた。

## DATA 欄

国内の温泉ガイドブックには通常、住所、連絡先、行き方、営業時間、料金などが記されている。ところが、海外の温泉はそれをまとめるのが簡単ではない。住所を調べても「国道○号を西へ 25 キロ」という表記しかなく、雨季には道がぬかるんで所要時間が何倍にもなる温泉もある。営業時間や料金は、季節・曜日・同行人数・予約の有無・入浴プランなどで変化する。

とはいえ、行きたいと思った人が参考になる情報を簡潔に記載した。記載の単語をウェブ検索してもらえれば、多くの最新情報にアクセスできるはずである。

(1) 温泉名：日本語と慣用的に用いられる英語表記（英語以外の現地語で表記した方が多くの情報を検索できる場合は現地語を併記）。

(2) 場所：国名と州・県・地方名など

(3) 施設：施設の種類（タイプ）と検索時に役立つサイトの URL

施設は以下の 5 つに分類した。

①宿泊：日帰り利用はできないホテル　②宿泊＆入浴：日帰り利用ができるホテル　③入浴施設：日帰りの入浴施設（宿泊可能なものもあるが、治安やサービス面で推奨できない場合は入浴施設に分類した）　④野湯：人工的な施設のない（もしくはほぼない）入浴場所　⑤見学：温泉の造形を見学する場所で入浴はできない。

なお、URL については、当該施設のウェブサイトがある場合はそれを最優先とした。見当たらない場合は国の観光局や地方自治体などの公的サイトか、温泉協会のような準公的組織のサイトを掲載した。民間サイトの掲載は避けたが、DATA 欄に記載した温泉名で検索すれば、現地の旅行会社をはじめ多くの情報にアクセスできる。紹介したサイトは英語と日本語表記を優先したが、中には現地語表記しかないものもある。翻訳機能を活用するか、トップページから英語サイトに入ってほしい。

(4) 営業時間：当該施設のウェブサイト情報等を元に営業時間を記したが、定休日、祝日等による休業は記載していない。時間は頻繁に変更されるので、旅行を計画する際は、直前に当該サイトで確認してほしい。なお、キリスト教圏ではクリスマスやイースター休暇時期、イスラム教圏ではラマダン（断食月）、東・東南アジア圏では旧正月などの時期に多くの施設が休業となる。また、野湯の多くは 24 時間入浴可能だが、慣れない外国での夜間入浴はできるだけ避けた方がよい。

(5) シーズン：乾季・雨季の有無、冬季閉鎖などを考慮して、推奨時季の目安を示したが、それ以外のシーズンは利用できないわけではない。オフシーズンには料金が安くなる施設も多い。

(6) 料金：記載していない。コロナ禍以降、大幅に値上げされた温泉や、円安の影響で割高感のある温泉が少なくない。上記 (3)、(4) を参考に事前に確認してほしい。

## 地図とアクセス方法

地図：国別の地図を用いて、基点となる都市と温泉の位置を示した。国全体の地図ではなく一部地域の拡大図を用いた国もある。黒い丸は基点となる都市、赤い丸が温泉を意味する。複数の丸が重なってしまうほど近接している場合は、わかりやすくするためにずらして記したので、注意してほしい。

同じ国から複数の温泉が収録されている場合は、他の温泉の位置もあわせて掲載した。旅行計画の参考にしてほしい。

アクセス：原則的には、基点となる空港や都市から車で移動した際の平均的な所要時間を記した。鉄道で行ける温泉や、他の温泉と一緒に回れる温泉は関連する情報を記した。

# 第1章

# 温泉が生み出した
# 奇跡の造形を楽しむ

# Toscana

トスカーナ州（イタリア）

## 世界遺産の宝庫で析出物温泉を巡る

**♥こんな人におすすめ**

- グルメも芸術も温泉も全部楽しみたい
- 世界有数の析出物温泉に興味がある
- フィレンツェ滞在中のフリータイムで湯巡りをしたい

イタリア中部に位置するフィレンツェは芸術の都。メディチ家の豊かな富に支えられ、中世にはルネサンス文化が花開いた。歴史地区でひときわ目立つのがドゥオモ（サンタ・マリア・デル・フィオーレ大聖堂）のクーポラ（丸屋根）。アルノ川にかかるヴェッキオ橋に、ルネッサンス期の名作を展示したウフィツィ美術館など、見どころは豊富。街全体が「屋根のない博物館」といわれるのも納得だ。中世の街並みを残した旧市街は「フィレンツェ歴史地区」として世界遺産に登録されている。

州都フィレンツェ以外にも、斜塔で有名なピサ、学問の町として栄えたシエナ、美しい塔が並ぶサン・ジミニャーノ、小高い丘に建つ城壁都市ピエンツァなど、珠玉の街並みが世界遺産に登録されており、トスカーナ州だけで七つもの世界遺産がある。

そんなトスカーナは温泉好きな人にも魅力的なエリア。州の南部には析出物の見事な白濁湯が点在しているが、あまり知られていない。人気の観光地フィレンツェに宿泊して、名湯・秘湯を探索してみよう。

ミケランジェロ広場から眺めるフィレンツェ旧市街はまるで一幅の絵画のよう！

## 世界遺産＆アート

❶ミケランジェロのダヴィデ像を有するアカデミア美術館　❷小椅子の聖母など、ラファエロの絵を多く収蔵するパラティーナ美術館　❸鐘楼からドゥオモのクーポラと旧市街を見下ろす

❶

❷

❸

## 美しい街並みと自然

❶丘の上に塔が並ぶサン・ジミニャーノの町❷なだらかな丘が続くオルチャ渓谷と丘の上のピエンツァの町　❸糸杉の風景を求めてトスカーナを訪れる人もいる　❹中世の学園都市シエナのカンポ広場。扇形の斜面に寝転んだり座ったりして時間を過ごす若者が多い

❶

❷

❸

❹

## グルメを満喫

❶イタリアと言えば美食の国！トスカーナではイノシシ肉を使った太めのパスタが絶品　❷目にも鮮やかなアンティパスト（前菜）で幸せな気分に　❸丘の上に建つピエンツァのホテルでは、テラスで朝食を楽しめる

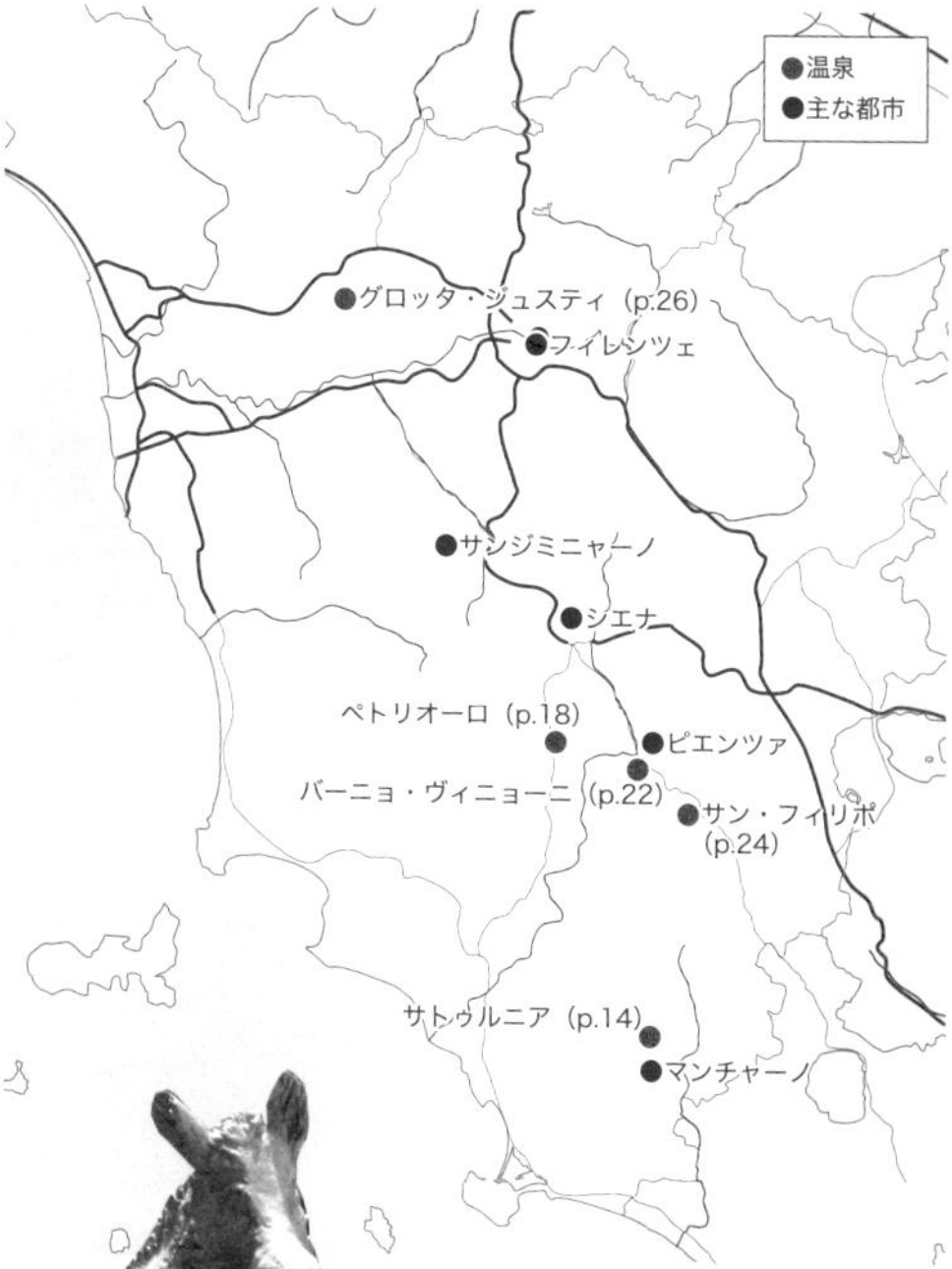
●温泉
●主な都市
グロッタ・ジュスティ（p.26）
フィレンツェ
サンジミニャーノ
シエナ
ペトリオーロ（p.18）
ピエンツァ
バーニョ・ヴィニョーニ（p.22）
サン・フィリポ（p.24）
サトゥルニア（p.14）
マンチャーノ

トスカーナでよく見かけるイノシシの像。皆に触られた鼻が輝いている

### アクセス

日本からフィレンツェへの直行便はなく、ローマかミラノで国内線に乗り換えるのが一般的。ロンドン、パリ、フランクフルトなど主要都市からのフライトもある。ローマから特急列車を利用すれば約１時間半でアクセスできる。

### 旅のポイント

本書で紹介する温泉はフィレンツェから日帰り可能。しかし、複数の温泉を組み合わせたり、世界遺産と一緒に回ったり、食事も楽しみたい場合は、ピエンツァあたりで一泊すると、ぐっと行動範囲が広がる。

フィレンツェの中心部は一般車の乗り入れ禁止だが、トスカーナ州に点在する世界遺産や温泉を巡るにはレンタカーが便利。ただし、運転に慣れていない人は、現地の旅行会社で運転手つきの専用車を手配するか、ホテルでタクシーをチャーターするのが◎。

### ベストシーズン

ぬるめの温泉が多いので、４月～10月頃がベストシーズン。ただし、夏場は世界中から観光客が集中し混雑する。フィレンツェ市内の主な美術館や鐘楼、ドゥオモのクーポラなどは、日時指定の予約券を購入しておかないと、現地での当日購入は困難だ。

✦ **POINT**

- これほど気持ちいい石灰棚はほかにない
- 写真を撮るなら午後が順光、午前は半逆光

Italy

# サトゥルニア温泉

**誰もが幸せに満ちあふれる憧れの石灰棚**

## 圧倒的な湯量の温泉を全身で浴びる

トスカーナ州の温泉の中で一番のおすすめはサトゥルニア。巨大な石灰棚自体が温泉で、なんと無料で入浴できる。フィレンツェの南、約190キロにあり、マンチャーノからの道を北上すると温泉を一望する展望台に着く。緑あふれる丘陵地帯の正面に一か所だけ真っ白い丘が見えたら、サトゥルニア温泉の野湯、ムリーノの滝に到着だ。

温泉は毎分500リットル以上も湧いていて、豪快な湯あみを楽しめる。37〜38℃とぬるめで、下段はさらにぬるい。好みの温度の場所を探して長湯を楽しみたい。一枚一枚の棚田の「仕切り」は固いので歩きやすいが、湯に勢いがあるので、気をつけないと足を取られてしまう。サ

川底に沈殿した温泉の泥（ファンゴ）を使った泥パックが人気

展望台から眺めたムリーノの滝の全景。欧米では、階段状に落ちる滝をカスケード（cascade）と呼び、まっすぐ落下する直瀑（waterfall）と区別する。ムリーノの「滝」はカスケードの意味で、石灰棚全体を指している

下流では川遊びを兼ねて入浴できる

上段は湯の勢いが強く荒行のようだ

ンダルを持参したほうがいい。小屋の左手から坂を上ると、温泉の流れる川がある。適度に間隔を空けてグループやカップルが川湯を楽しんでいる。

　なお、入口に駐車場や売店があるが、夏場は大混雑。午後には駐車待ちの車が列をなすこともある。

雨の後は水量が増え、黄土色の濁り湯に変化する

滝の上を流れる温泉の川は場所によってブルーに見える

### 源泉は近隣のリゾートホテル

では、これだけ膨大な湯量の温泉はどこで湧いているのだろうか。湧出地点はいくつかあるようだが、メインの源泉は近くのホテルの敷地内にある。テルメ・ディ・サトゥルニアはこのエリアで唯一の高級ホテル。日帰り客向けの温泉施設を併設しており、広大なプールゾーンは大勢の観光客でにぎわっている。

特筆すべきは宿泊客専用の温泉エリアで、露天の温泉プールがすばらしい。屋外に出たとたんに硫黄臭が鼻をつく。野湯よりはるかに強烈だ。プールの入口は深さ75センチと浅めだが、深いところは3・5メートル。ブイがいくつか浮いており、深さの変わる目印となっている。深いエリアでは湯が湧き、無数の気泡が上ってくる。このプール自体が足元湧出の源泉池で、あふれた湯が野湯に流れ込んでいたのだ。

プールには黒っぽい湯の華の塊が大量に浮いている。温泉好きにはたまらないが、不潔と思う人がいるためか、スタッフはひっきりなしに網ですくっている。黒い湯の華を眺め、強烈な硫黄臭を嗅ぎつつ、さわやかなテラス席で朝食をとる。温泉マニアには至福の時だが、好みは分かれるかもしれない。ホテルから野湯まで歩くと2キロ近い道のりがある。野湯の近くのリーズナブルな宿に泊まれば、朝な夕なに入浴を楽しむことができる。

高級感あふれる屋内のスパエリアも宿泊客専用

❶これがムリーノの滝の源泉。ブイの奥側から湯が湧いている
❷ホテルの宿泊客専用入口。宿泊客名簿に記載がないと開扉しない。ホテルの建物まで１キロ以上あり、緑あふれる敷地内を進む

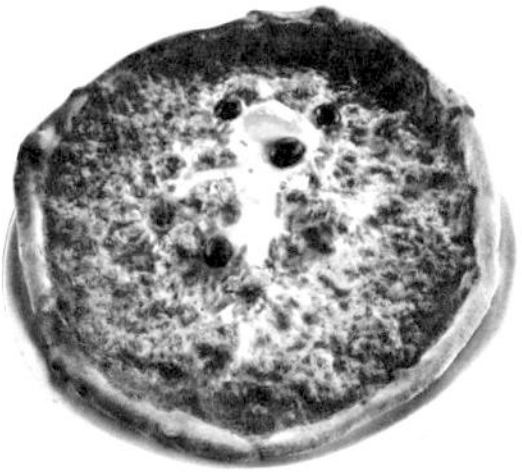

*column*

**マンチャーノでピザを**

飲食店の少ないエリアだが、温泉への南側の通過点となるマンチャーノのピザはカリッとしたタイプでおいしい。写真は卵を載せたビスマルク風のピザ。

サトゥルニア温泉（Terme di Saturnia）：イタリア トスカーナ州グローセット県（Italy, Toscana, Grosseto）
アクセス：フィレンツェから車で南へ３時間　野湯：ムリーノの滝（Cascate del Mulino）入浴自由
宿泊＆入浴：テルメ・ディ・サトゥルニア（Terme di Saturnia Spa & Golf Resort）日帰り浴場は９時半〜19時（冬は17時まで）　https://www.termedisaturnia.it/en/resort/

✦ POINT
- 自然の中で温泉と川の水の交互浴を満喫！
- 知る人ぞ知るピッコロ温泉も忘れずに

Italy

# ペトリオーロ温泉

## かつては法王御用達の高級浴場だった

### 今では誰もが楽しめる川湯

フィレンツェの南約70キロ。シエナは扇形のカンポ広場で有名だ。中世の面影を今に伝える街並みは歴史地区として世界遺産に登録されている。ここから車で30分南下すると、ペトリオーロ温泉がある。かつては法王や富豪専用の温泉場で、周囲に高さ7メートルの石壁が築かれていた。壁の一部は現存しているが、今にも崩れそうだ。

温泉は完全な野湯で誰でも入浴できる。川岸の段丘から湯が湧き出し、川へと注ぎ込んでいる。段丘内には岩をくりぬいたような露天風呂があり、パイプを通して上段から湯が注ぐしくみ。川の縁には岩囲いの素朴な露天風呂がいくつか作られているが、大雨が降ると流されてしまう。温泉で体を温めた後、川で身体を冷やしている人もいれば、ぬるめの湯に浸かったままの人もいる。野湯には売店も食堂もないので、常連客は食料を持ってきて、一日のんびりと過ごすという。温泉水を口に含むと、卵のような味とニオイに加えて、はっきりとした酸味がある。トスカーナ州でもっとも強烈な泉質だ。なお、少し先の橋から見下ろすと温泉の全景がよくわかる。浴槽ごとに湯の色が違って見えるのが面白い。

❶温泉の入り口。自転車でトスカーナを旅する旅行者が多い　❷城門のような入り口が残っている　❸段丘はストライプ状の析出物で覆われている　❹勢いのある湯で、打たせ湯を楽しむこともできる

## ほとんどの人が知らないもう一つの温泉

道路に戻って、野湯の上流側に進むと、駐車禁止の標識の下に小さな矢印がある。これがもう一つの温泉の目印だ。緩やかな坂を下ると、驚きの風景が広がっていた。後述のスパからの排湯を含む温泉が斜面を流れ下り、白い石灰華ドームを形成しているのだ。緩やかな傾斜の段丘は川の中まで連なっている。その先には鮮やかな白い縁取りで、淡青色の湯を湛えた露天の池がいくつもある。メインの野湯から約200メートル離れただけだが、知る人は少ない。かなりぬるいので、夏以外は厳しいが、広大な川湯を独占しての入浴は気持ちいい。特に温泉名はないそうだが、地元の人が「あえて区別するならピッコロ（小さい）かな」と言っていたので、ペトリオーロのピッコロ温泉と呼ぶことにする。

❶よほどのことがなければ空いているピッコロ温泉
❷ピッコロへの下り坂の析出物は迫りくる怪獣のよう
❸標識の下の矢印はピッコロ温泉に通じる秘密の入口

二つの野湯の中間に、テルメ・ディ・ペトリオーロ・スパという入浴施設がある。内湯も露天の温泉浴槽もかけ流しの湯使いが嬉しい。スパと名乗るほど豪華な施設ではないが、設備の整った温泉を好む人や野湯で身体に付着した汚れを落としたい人にはおすすめだ。食事も可能である。

野湯で汚れた身体を洗うにはスパが最適

何の変哲もない浴槽だが、温泉は本物！

通りから丸見えだが、歩行浴槽もある

ペトリオーロ温泉（Bagni di Petriolo）：イタリア トスカーナ州シエナ県（Italy, Toscana, Siena） アクセス：フィレンツェから車で南へ1時間半、シエナから車で40分 ♨ 野湯は入浴自由 ♨ 入浴施設：テルメディ・ペトリオーロ・スパ（Termel di Petrioro Spa） 9～17時半 https://termepetriolo.it/le-terme/

*column*

### コルクの木を探そう

周囲にはワインボトルのコルク栓の原料となるコルク樫の木が群生している。樹皮からコルクを作るため、樹皮をはがされた幹が茶色になっている。ツートンカラーの木々が立ち並ぶ風景は面白い。

# バーニョ・ヴィニョーニ温泉

## オルチャ渓谷の夏限定隠れ湯

**メディチ家が整備した**
**古代ローマからの古湯**

オルチャ渓谷はフィレンツェの南に位置するなだらかな丘陵地帯。長きにわたり不毛な大地を開拓して形づくられた歴史的な景観は、世界遺産に登録されている。オルチャ渓谷で有名なのがバーニョ・ヴィニョーニ温泉。銀行家、政治家として成功を収めたメディチ家により整備された温泉だ。今では源泉池の周囲に瀟洒なレストランが軒を連ねているが、ローマ時代のものと言われる浴場跡も残っている。

ヨーロッパの町は中央に広場があるものだが、ここは広場の代わりに巨大な源

底に沈むファンゴをすくってパックを楽しめるが、脱衣所もシャワーもない。温泉水が流れ下った斜面には石灰華で覆われている

✦ POINT

- 源泉池だけ眺めて帰ったらもったいない！
- 夏ならひまわり畑も探してみよう

広場の中心の源泉池。湯が噴き出し、池の表面が盛り上がっている

源泉池の湯は水路を伝い、昔の浴場脇を過ぎて、崖下の露天風呂へと注いでいく。水路では足湯を楽しむ人も

泉池（古代浴槽）がある。これらを眺めるだけで帰ってしまう観光客が多いのだが、崖の下にとっておきの露天風呂がある。温泉水が斜面を流れ落ち、乳白色の露天風呂を形成しているのだ。源泉からの距離が遠いため、湯は30℃前後とぬるめ。周囲にはさまざまな野の花が放つ香りが漂っている。イタリア人はこれを「地中海の香り」と呼ぶそうだ。

*column*

**映画のようなひまわり畑**

オルチャ渓谷の夏はオイルを採るためのひまわり畑が美しい。転作のため、見られる場所は毎年異なるので探してみよう。

バーニョ・ヴィニョーニ温泉（Bagno Vignoni）：イタリア トスカーナ州シエナ県（Italy, Toscana, Siena）
アクセス：フィレンツェから車で南へ２時間、シエナから１時間　野湯：テルメ・リブレ・バーニョ・ヴィニョーニ（Terme Libere Bagno Vignoni）入浴自由　https://www.visitsanquirico.it/

Italy

# サン・フィリポ温泉

## 誰もが幸せに満ちあふれる憧れの石灰棚

温泉のある渓谷は
この看板の先！

### 見れば誰もが白鯨をイメージする

バーニョ・ヴィニョーニと並び、オルチャ渓谷で有名なのがサン・フィリポ温泉。フォッソ・ビアンコ（白い溝）の看板が渓谷の遊歩道の入り口。緩やかな坂を下っていくと脇を流れる小川がすでに微白濁の温泉だ。メインの滝つぼに比べると空いているので、貸切りでのんびりと浸かる家族もいる。

　やがて左手に巨大な石灰華ドームが見える。幾筋もの鍾乳石が並んださまがクジラのひげに似ているため、「白鯨」の異称がある。まさに一目瞭然だ。高さは30メートルほどで、表面にはうろこ状の突起がある。ザラザラして滑りにくいので、岩肌を楽に上ることができる。石灰華ドームを流れ落ちた湯は滝となり、池を作り、小川

✦ POINT
- 角度によって姿を変える白鯨は必見
- ザラザラした白鯨に登ってみよう

❶上流の川が流れ込む場所では、強烈な打たせ湯を楽しめる　❷渓流沿いの湯だまりは隠れ湯のようで、貸切りで利用しやすい　❸白鯨に登って日光浴を楽しむのが人気

を下っていく。

硫黄臭はそれほど強くなく、味はほとんどないが、炭酸カルシウムを主成分とするので、打たせ湯を楽しむと髪の毛がバシバシになる。滝つぼでは数家族が入浴を楽しんでいた。源泉は40℃ほどあるのだが、滝つぼの湯温はかなりぬるめ。なお、周囲には脱衣所もシャワーもない。身体に付着した温泉成分が気になる人は浴後に下流側の民宿に立ち寄るといいだろう。

*column*

**ロウのような湯膜に触れる**

白鯨の下流に民宿風の宿が数軒ある。露天風呂の表面はロウ状の湯の華で覆われ、触るとパリパリと崩れる。これだけ凝固しやすい成分だからこそ、白鯨が生まれたのだろう。

サン・フィリポ温泉（Bagni San Filippo）：イタリア トスカーナ州シエナ県（Italy, Toscana, Siena）　アクセス：フィレンツェから車で南へ２時間、シエナから１時間　♨ 野湯：サン・フィリポ温泉（Bagni San Filippo）、白鯨（Balena Bianca）８～19時　※入場料が必要

Italy

# グロッタ・ジュスティ温泉

**ダンテの『神曲』にちなんだ洞窟サウナが珍しい**

## いくつもの偶然から生まれた究極の温泉洞窟

　これまでに紹介した温泉は州の南部にあったが、グロッタ・ジュスティはフィレンツェの北西に位置する。世界的にも貴重な洞窟サウナなので、析出物が特徴的な温泉ではないが紹介しておきたい。グロッタの意味は「洞窟」。ジュスティ家で働いていた労働者が１８４９年に石切り場で巨大な空洞を発見。調査の結果、鍾乳洞と温泉池が見つかったため、内部を整えて洞窟サウナとして営業することになったという珍しい施設。

　洞窟サウナの入場料は5千円以上と割高だが、ここまで来て体験しないわけにはいかない。洞窟内には三つの大きな空洞があり、通路で結ばれている。ダンテの『神曲』にちなみ、それぞれ「天国（31℃）」、「煉獄（34℃）」、「地獄（36℃）」と名づけられている。故郷の有名人にかけた洒落たネーミングだ。奥に行くほど温度は上がるが、最奥の「地獄」で

**✦POINT**
- サウナが苦手な人でも楽しめる温度
- 天国・煉獄・地獄を巡りたい

❶トスカーナ地方特有のレンガ造りの本館。宿泊もできる　❷屋外の温泉プールは 35℃に保たれている　❸ミステリアスな洞窟内を進む　❹洞窟内の脇道を進むと地底湖のような源泉池がある。触れることはできない

も熱いというほどではない。ただ、湿度が１００%近いため、椅子に腰かけていると、汗が噴き出してくる。出口の手前にはシャワーがあり、汗を流すことができる。屋外のプールは温泉なので、洞窟とプールのセット券を購入しておけば、ぬるめのプールでクールダウンできる。

*column*

### ドゥオモにも使われた赤大理石

温泉のあるモンスンマーノ地区は赤大理石の産地として知られ、フィレンツェのドゥオモ（p.12）の床石にも使われている。周囲の山肌に階段状の採掘跡が見える。

グロッタ・ジュスティ温泉（Grotta Giusti）：イタリア トスカーナ州ピストイア県（Italy, Toscana, Pistoia）　アクセス：フィレンツェから車で西へ 1 時間　宿泊&入浴：グロッタジュスティ・サーマル・スパリゾート（Grotta Giusti Thermal Spa Resort）10 ～ 18 時（水曜は 15 時まで）　https://www.grottagiustispa.com/en/

Mexico

# イエルベ・エル・アグア

## 時を忘れる天空のインフィニティプール

**✦ POINT**
- 緑のグラデーションは神々しいほど美しい
- 空いている午前中〜昼前がねらい目

### まるで沸騰しているかのような源泉

メキシコシティの南東に位置するオアハカ。町の中心部はスペイン植民地時代の面影を残した歴史地区で、世界遺産に登録されている。郊外にあるイエルベ・エル・アグアの意味はスペイン語で「沸騰する水」。実際は25℃と水温に近いのだが、源泉が猛烈に泡立っているため、この名がついたそうだ。オアハカから車で約2時間走ると、軽食堂や土産物屋が並ぶ広場に着く。乾いた土地に柱サボテンがずらりと立ち並ぶ風景はメキシコのイメージそのものだ。

広場のすぐそばに二つの露天プールが見える。石灰質の地面を削りとった細い水路を伝って、源泉がプールへと流れ込んでいる。二つのプールの源泉は別々で、ともにジャグジーのように強烈な炭酸泉。残念ながら保護するた

首都メキシコシティからオアハカまで飛行機で1時間。オアハカから車で2時間。またはオアハカ発のツアーに参加

これが天然？と思うほどの泡立ちの炭酸泉。浸かれないのが残念

めの柵があるものの、浸かってみたらさぞ気持ちいいだろう。柵からあふれる冷泉を口に含むとかすかに塩味を感じる。

上段のプールは浅めで家族向け。プールの外壁はうろこ状の析出物で覆われている。下段のプールは崖の間際にある。転んで坂を転げ落ちたらひとたまりもないが、柵などは一切ない。地元の人は「源泉は大事なので囲ってあるけど、人間は大事じゃないから柵がない」と笑っていた。上段の2倍ほどの大きさで、細長い三角形のような形。肩まで浸かれるプール内の斜面は析出物で覆われている。どちらのプールも少し濁ったエメラルドグリーンで美しい。泉温は25℃程度だが、暑い季節には心地いい。

右手の山の中腹に白い「滝」が見える。温泉の成分が白く固まった石灰華の滝だ。これほどの規模のものは世界的にも珍しい。上段プールの左手の斜面を登って振り返ると、二つのプールと段丘

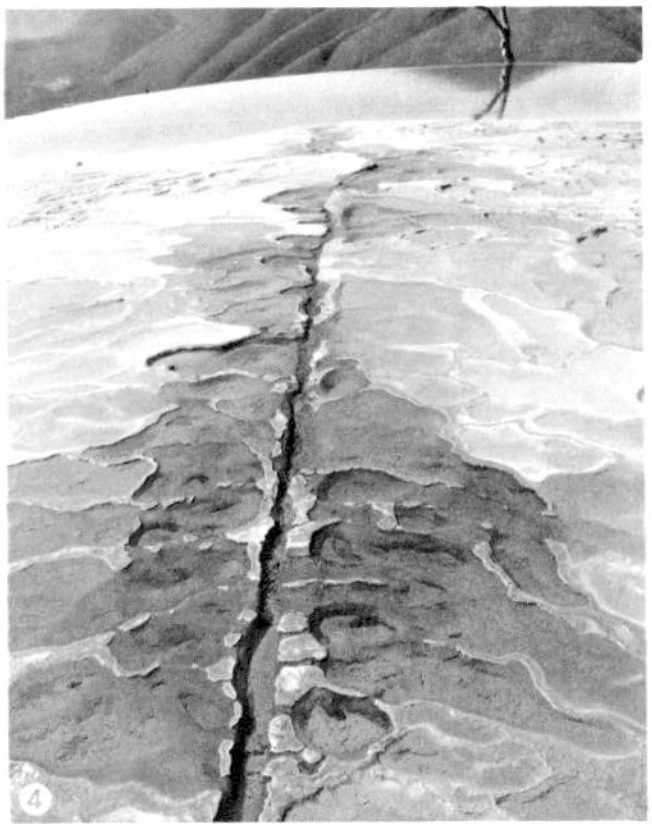

❶石灰華滝へ向かう途中から眺めた全景。二つの緑色のプールと象の鼻のように伸びる石灰華段丘が見える　❷斜面が急すぎて、サトゥルニアのような石灰棚になれなかった段丘　❸上段プールでは、日光浴も兼ねてのんびりと浸かる人が多い　❹溝を伝って鉱泉が下段プールに注ぐ。大地の模様はアートのよう

を一望できるポイントに着く。トルコのパムッカレ（52ページ）に似た風景だが、パムッカレより斜面の傾斜が急なので、「棚」はできず、段々腹のようにうねった形状なのが面白い。散策路を進むと、石灰華滝に注ぐ三つ目の源泉池がある。

　急な石段を一気に降りると石灰華滝の直下。一筋の冷泉が滴り、小さな石灰棚が形成されているが、入浴できるほどの湯量はない。さらに道は続いていて、2時間ほどで元の場所に戻れるというが、大半の旅行者はここで引き返すそうだ。

　筆者も来た道を戻ったが、上り坂は傾斜がきつく、1500メートルの高地で酸素も少し薄いので運動不足の身に堪える。だが、その後で浸かる冷泉プールはまさに極楽だった。

❶石灰華滝に注ぐ三つめの源泉。柵はないが浅くて浸かれない　❷駐車場脇の柱サボテン　❸下から見上げる石灰華滝の雄姿　❹石灰華滝の下部には小さな湯だまりがあった

❸

とても珍しい石灰華滝だが、間近で見るには山道と石段を歩いて往復１時間は必要

*column*

**地酒メスカルを楽しみたい**

メキシコと言えばテキーラ。アガペ（リュウゼツラン）を原料とする蒸留酒だが、テキーラの名称が使えるのは一部の産地のみ。ほかの地域ではメスカルと呼ばれ、オアハカはその一大産地。醸造過程の見学や試飲ができる。写真は原料となるアガペの球茎部。

イエルベ・エル・アグア（Hierve el Agua）：メキシコ オアハカ州オアハカ・デ・フアレス市（Mexico, Oaxaca, Oaxaca de Juárez） ♨入浴施設：イエルベ・エル・アグア（Hierve el Agua）７～18時半 シーズン：10～４月が乾季。中でも12～２月は雨が降らない

# イエローストーン国立公園

### 世界初の国立公園は温泉テーマパーク

**✦ POINT**
- 温泉ってこんなにスゴイと大自然が教えてくれる
- じっくり回るには3〜4日が必要

ありとあらゆる温泉の造形を楽しめるアメリカ中西部の山岳地帯に位置するイエローストーン。温泉や噴泉が生み出すダイナミックな景観とさまざまな野生動物が棲息する豊かな自然環境で知られ、1872年に世界初の国立公園に指定された。アメリカでもっとも人気の国立公園で、年間400万人以上が訪れる。1978年に世界遺産制度の第1号として登録された12件の一つでもある。

ワイオミング州北西部を中心とした広大な公園の面積は約9000平方キロ（東京都の4倍超！）。中心部の8の字型の周遊道路を一周するだけでも230キロ近くある。とにかくケタ違いに広い。以下、代表的なスポットを紹介する。

アメリカの主要空港から国内線で乗り継ぎが必要。北西のボーズマン、南のジャクソンホール空港ほか、5つの空港からアクセスできる

ボーズマン空港
イエローストーン
ソルトレイクシティ
ジャクソンホール空港
ミスティック (p.36)
デンバー
グレンウッド (p.88)

## グランドプリズマティックスプリングス

虹のようなグラデーションが鮮やかで、世界一美しい温泉池と言われる。湯の温度によって、熱水を好むバクテリアや藻類の種類が異なるため、池の色が変化する。きわめて高温で入浴できない。池があまりに大きいため、遊歩道からは近すぎて全景がわからない。フェアリー滝に向かう途中の展望台から全景を一望できる。

❶国立公園の北側のゲート　❷そのそばにある案内看板。やっと着いたと気持ちが高まる

## マンモススプリングス

周遊道路の北側の代表的な観光地。温泉が長い歳月をかけて作り出した噴湯丘や石灰棚の造形美が一帯に広がる。少しくたびれてきたミネルヴァテラスから、発育途上のメインテラスまで、石灰棚の栄枯盛衰を見学できる。

❶マンモスプリングスでは次々と新しい石灰棚が誕生している　❷一方、かつて一番美しいとされたミネルヴァテラスは枯れてきた　❸豊富な温泉水が流れるカナリースプリングスの石灰棚

## オールドフェイスフル

周遊道路の南側を代表する観光地。規模の大きな間欠泉と色鮮やかな温泉池が遊歩道沿いに連続する。入り口近くにあるのが、「時間に忠実」という意味のオールドフェイスフル間欠泉。60~90分間隔で噴出するため、観光客が多い。モーニンググローリーは遊歩道の最後を飾る美しい温泉池。その名の通り「朝顔」のような円錐型だ。中央は透き通った緑色で周辺は鮮やかなオレンジ色。眺めていると吸い込まれそうになる。

❶次の噴出予想時刻が表示されているので、観光客も見学しやすいオールドフェイスフル間欠泉　❷奥に見えるのが公園内の代表的な宿の一つ、オールドフェイスフルイン。間欠泉を出発して遊歩道を進むと次々と噴泉や温泉池が現れる　❸間欠泉からゆっくり散策すると1時間はかかるが、その価値はあるモーニンググローリー

### ボイリングリバー

「見学だけじゃつまらない。入浴したい」という人におすすめの温泉。公園の北外れ、モンタナ州との州境近くにある。ここはマンモススプリングスからの伏流温泉がガーディナー川に注ぐ場所。合流地点はかなり熱めで、打たせ湯のよう。離れるにつれて、川の水が混ざってぬるくなる。外国人はぬるめの場所に集中している。豪快な野湯で日中のみ入浴できる。

ボイリングリバーは川そのものが温泉で野趣あふれる入浴を楽しめる

*column*

**レンジャーがたえず巡回中**

公園内を移動していると、「この川はまさに適温だ」と心が騒ぐ場所が次々と現れる。思わず服を脱ぎそうになるが、環境保護のため、入浴は禁止されている。巡回中の森林警備員（レンジャー）に厳しく注意されるし、悪質な場合は罰則もある。

イエローストーン国立公園（Yellow Stone National Park）：アメリカ ワイオミング州（USA, Wyoming）ほか　https://www.nps.gov/yell/index.htm（公園の公式サイト。アクセス・料金・宿泊施設などの総合ガイド）
野湯：ボイリングリバー（Boiling River）入浴自由だが、夜間は不可　シーズン：冬季は道路閉鎖区間があるため、5～9月が適期だが、ベストは6～8月。公園内の宿泊施設は少なく、夏はすぐに満室になってしまう

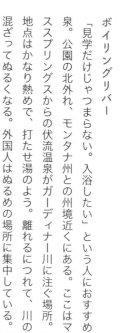

✦ POINT
- 世界中の温泉マニアがこの温泉を目指す
- 清潔好きの人にはおすすめできないかも

the USA

# ミスティック温泉

## 析出物に飲み込まれる温泉浴槽の奇観

### 成長速度が驚異的な赤い石灰華ドーム

アメリカ中西部のミスティック温泉は驚きの造形で知られる。万人向けではないが、温泉マニアには憧れの聖地。手作り感あふれる施設で、一般家庭の居間のような受付で入浴料を支払う。階段を上ると、ともに10名程度が浸かれる長方形の浴槽がある。奥側の浴槽に迫り出すようなオレンジ色の石灰華ドームは鮮やかの一言。浴槽の脇を上ると、奥のビニールハウスから湧き出した75℃の源泉が溝を伝って勢いよく流れている。

溝はいくつかに分岐して、魅力的な露天風呂を形成している。まず三つのポリ浴槽が並んでいるのが見える。どれも長年の析出物の堆積で、浴槽が浸食されたように覆われている。排水される側にも析出物の形成が著しい。温泉は少し炭酸を含むが、味やニオイはほとんどない。見た目の強烈さに比べると、マイルドな湯だ。さらに右手に進むと、細かなうろこ状の析出物に覆われたオレンジ色の石灰華ドームの両側に一つずつポリ浴槽がある。同じく浴槽の

州都ソルトレイクシティから車で3時間

析出物が温泉浴槽に襲いかかる。まるでホラー映画のようだ！

端部が析出物で覆われている。

温泉は土を掘った溝を伝わっていくだけなので、雨の日は湯温が大幅に低下してしまう。パイプを通せば、どの浴槽も快適な湯温を維持できるのにと思ったが、世界中のマニアに愛される名物温泉はこのままでよいのかもしれない。

巨大な石灰華ドームの両端に一つずつ浴槽がある

入ってすぐの露天風呂。ぬるめだが一番大きく、肩まで浸かれる

*column*

### 一緒にレッドヒル温泉を訪ねたい

ミスティックからわずか１キロの場所にレッドヒルの野湯がある。地元有志が管理していて誰でも入浴できる。前著で詳しく紹介したので、興味ある人は参考にしてほしい。

ミスティック温泉（Mystic Hot Springs）：アメリカ ユタ州モンロー市（USA, Utah, Monroe） 宿泊＆入浴：ミスティック温泉（Mystic Hot Springs）24時間可だが、事前予約が望ましい（サイトのsoaking passページ参照）
https://mystichotsprings.com/ シーズン：４～10月だが、真夏は東京並みに暑い

✦ **POINT**
- カナダ屈指の歴史ある温泉ホテル
- お宝の温泉滝は探してでも行く価値あり

Canada

# フェアモント温泉

## カナディアンロッキーの瀟洒な宿と豪快な野湯

### 宿では積極的に宣伝していない魅力的な野湯

国際的なホテルチェーン名がそのまま温泉地名となっているフェアモント温泉。カナディアンロッキーの中心、バンフから南へ180キロにある。100年以上の歴史あるホテルで、ゴルフ、スキー、ハイキングなどを楽しむために宿泊する人も多い。レストランの前庭の温泉プールは湯量豊富で、毎分3100リットルも湧く温泉を使用しているが、内壁や底を水色に塗った学校のプールのような趣で、本書の主題ではない。

巨大な温泉滝が形成した石灰棚と先住民の歴史をいまに伝えるヒストリカルバスを紹介したくて、この温泉を選んだ。温泉プールの脇道から橋を渡り、右手に曲がると滝がみえる。温泉プールの排湯や余剰水が滝となって流れ落ちているのだが、湯量が豊富なため、天然の湯滝のようだ。地面に叩きつけられた湯が滝つぼに露天風呂を形成している。かなりぬるめだが胸くらいの高さで、立って入浴するような感じだ。滝つぼからあふれた湯は見事な石灰棚を形成していた。その下流にも同じような湯滝があり、滝つぼと石灰棚の一部で入浴できる。この滝風呂はホテルの施設外のため、知らない人が多いが、訪ねる価値がある。ただし、夏以外の時期はぬるすぎる。

もう一つの見どころがヒストリカルバス。駐車場の向かいの小高い丘にある浴舎だ。白人が入植する前から先住民が利用していたため、かつてはインディアン

カルガリー空港から車で3時間半。バンフから車で2時間10分

❶湯滝は二つ。一つ目は勢いのある直瀑　❷もう一つの湯滝は斜面を下るカスケード。どちらも石灰棚を形成している　❸直瀑の滝つぼは快適なぬるめの露天風呂　❹ホテルの前庭の温泉プールは日帰り利用も可能

カナダ有数の老舗温泉ホテルで快適な滞在を

ホテルには静かに過ごせる宿泊客専用の温泉プールもある

バスの名があったという。石組みの小屋の中に三つの半個室があり、それぞれ一人用の浴槽が設けられている。湯はぬるめであるものの、硫黄臭の漂う名湯だ。さらに丘を少し上ると、見晴らしのいい小さな露天風呂がある。以前はもっと大きかったようだが、析出物が次第に広がって、今は二人が入れるかどうかといった大きさ。丘には四つの源泉があり、ヒストリカルバスや露天風呂に注いでいる。各々の源泉を口に含んでみると、味は微妙に異なっていた。微かな塩味と甘みを感じるものもあれば、味はほとんどないが炭酸感がはっきりしたものもある。

伝統的なホテルに宿泊しつつ、野趣あふれる二つのタイプの温泉を楽しめる。カナディアンロッキーを旅する際にはぜひ宿泊したいホテルである。

丘の突端には足湯用の浴槽が設けられている

浴舎内には一人用の浴槽が三つ並んでいる

駐車場から丘の上の浴舎（ヒストリカルバス）が見える

丘の上の露天風呂は眺めが抜群

丘の上の源泉の一つ。小さな四つの源泉から熱い湯が湧いている

*column*

**野生動物に出会えるかも**

カナディアンロッキーをドライブしていると、さまざまな野生動物に遭遇する。文字通りツノの大きなビッグホーンシープがじっとこちらを見つめていた。

フェアモント温泉（Fairmont Hot Springs）：カナダ ブリティッシュコロンビア州（Canada, British Columbia） 野湯は入浴自由だが施設内を通る必要がある 宿泊＆入浴：フェアモントホットスプリングスリゾート（Fairmont Hot Springs Resort）日帰り入浴 9 ～ 21 時。宿泊客専用プールあり https://www.fairmonthotsprings.com/ シーズン：5 ～ 9 月だが、山岳地で気温が低いためベストは 6 ～ 8 月

✦ POINT
・宿泊客限定の温泉でゆったり過ごせる
・温泉、施設、接客の三拍子そろったホテル

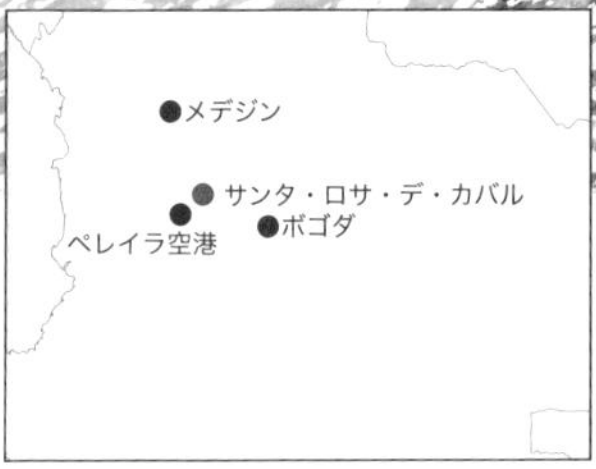


首都ボゴタから国内線で１時間のペレイラ空港より車で１時間半

Colombia

# サンタ・ロサ・デ・カバル温泉

## 南アメリカ屈指のリゾート温泉ホテル

### 豪快な石灰華滝の直下で浸かる大露天風呂

　南アメリカ大陸の北西端に位置するコロンビア。かつては反体制武装勢力との内戦で混乱を極めたが、２０１６年に内戦が終結。以来、観光客は増加している。目指す温泉は首都ボゴタから直線距離にして西へ３５０キロのリサラルダ県にある。一帯はコロンビアコーヒーの産地として知られ、その文化的景観は世界遺産に登録されている。

　サンタ・ロサ・デ・カバルの町中から温泉までは東へ約10キロ。最初の５キロはいい道だが、後半は未舗装の悪路となる。宿まであと少しというところにゲートがあり、予約客以外はここから先に進めない。道の行き止まりには、山奥とは思えない洗練された宿が姿を現す。

　ここは、コロンビアのみならず、南米でも指折りの温泉リゾートホテルで、快適な滞在を楽しめる。滝、山、川と名づけられた三つの宿泊棟があるが、このと

ホテルの玄関。狭い谷間のため、奥行き方向に長い造りとなっている。左奥に見えるのが湯滝

露天風呂の奥側に建つ「山の棟」

「滝の棟」の一部客室からは湯滝と露天風呂が見える

きは名物の湯滝を眺められる滝の棟を予約した。大人気の宿だけあって、即日のクレジットカード決済が必要で、予約の変更は不可。キャンセル時の返金もない。チェックイン時に確認すると、入浴時間は朝8時から深夜0時まで。スペイン語しか通じない従業員もいるが、すぐに英語で話せる人につないでくれる。

早速温泉に向かう。滝の棟の奥に名物の露天風呂がある。高さ約20メートルの豪快な湯滝が叩きつけるような勢いで浴槽に注いでいる。滝は石灰華で厚く覆われていて、迫力十分。滝が直接注ぐ浴槽は浅めだが、あふれた湯が二番目、三番目の浴槽を満たしていく。下流ほど浴槽

猛烈な勢いの湯滝を
打たせ湯として
楽しむ人も！

は深く全身浴を楽しめる。浴槽の縁は分厚い析出物で覆われているが、温泉のニオイや味はほとんどない。湯滝に隣接するカフェ棟の階段を上ると、湯滝と浴槽を一望できる。湯滝の上部が気になったが、柵があって立入り禁止だった。

ホテルの1キロ手前に、サンタ・ロサ・デ・カバルという同名の日帰り浴場がある。ホテル宿泊者はリストバンドを受付で見せれば無料で入場できる。丘の上に四つの露天プールが広がる温泉施設は家族連れでにぎわっている。ホテルとは別の源泉で、山の上から炭酸泉を引いているという。源泉を訪ねるハイキングツアーも主催されている。

地元の人たちにとって高価なホテルは縁遠いため、サンタ・ロサ・デ・カバルといえば、日帰り浴場をイメージする人が多いそうだが、わざわざ日本から行くのであれば、ぜひ温泉ホテルに宿泊したい。

❶館内のレストラン。夜遅くまで多くの宿泊客で賑わっている❷カフェ棟の裏にあるもう一つの湯滝と露天風呂。ホテルには全部で四つの露天風呂があるが、残り二つは長方形と扇形のふつうの浴槽だ

❶日帰り浴場の敷地内には、最奥からの高さが 90 メートルという優美なサンタヘレナ滝がある。温泉ではないが、炭酸カルシウムを豊富に含むため、石灰棚のような段々畑状に発達している　❷日帰り浴場のプールの一つ。析出物で覆われた中央の塔から湯が注いでいる。黄緑色の濁り湯が美しい　❸園内には炭酸冷泉の飲泉場がある。フランスの有名な炭酸泉にあやかって「ヴィシーの水」と名づけられている

*column*

### 「湯守」がいる宿

利用者がいつも心地よく温泉を楽しめるように湯温や浴場を整える「お湯の番人」を湯守《ゆもり》という。滞在中、湯温を計測し、湯面を漂う泡状の湯の華を取り除くために、係員が何度も温泉を確認しにきていた（写真は湯温を読み取っている様子）。夜半に湯を完全に抜いて入れ替えるなど、日本の伝統宿のような湯使いがすばらしい。

サンタ・ロサ・デ・カバル 温泉（Termales Santa Rosa de Cabal）：コロンビア リサラルダ県サンタ・ロサ・デ・カバル（Colombia, Risaralda, Santa Rosa de Cabal）　宿泊：オテル・テルマレス・サンタロサ・デ・カバル（Hotel Termales Santa Rosa de Cabal）温泉利用は宿泊者のみ　入浴施設：バルネアリオ・サンタロサ・デ・カバル（Balneario Santa Rosa de Cabal）6 ～ 23 時半（週末は 4 時間単位の入替制）　https://termales.com.co/（ホテル、入浴施設共通）　シーズン：雨季と乾季が年 2 回ずつあるがそれほど明確でない。6 ～ 9 月と 12 ～ 3 月がおすすめ

**✦ POINT**

- 温泉の生み出すエネルギーに圧倒される
- 熱海景区の散策路はまさに驚きの連続

China

# 騰《とう》衝《しょう》温泉

**中国最大級の地熱地帯は一大観光地**

## 「あたみ」ではない「熱海」景区

雲南省の省都昆明から西へ約570キロの騰衝県は、ミャンマーとの国境の町。古くから交通の要衝として発展してきた。日本ではあまり知られていないが、中国では最大級の地熱地帯だ。

県内には90を超す火山があり、騰衝火山国家公園として整備されている。古い街並みが残る和順郷など、魅力ある観光地が多く、なかでも有名なのが「熱海《ねっかい》景区」の温泉だ。9平方キロの広大なエリアに30以上の温泉池や噴泉・噴気孔が点在し、遊歩道が整備されている。沸騰温度の源泉の真上に位置する巨岩が湯気に反応して轟々と音を立てる「鼓鳴泉」、泉の無数の穴から湧き上がる気泡が真珠のように見える「珍珠泉」など、個々の名称は日本人にも理解しやすい。

日本語表示もあるイラストつきの案内板

とりわけ印象的なのが、「大滾鍋」、「澡塘河泉華台」、「蛤蟆嘴」の三つ。景区に入って最初に現れる大滾鍋は90℃以上の高温泉。透明だが、陽の光を受けると鮮やかな青色に見える。ゴボッゴボッと脈動的に湯が盛り上がるように湧き、温泉の猛烈なエネルギーを感じる。園内を流れる澡塘河（風呂川）が三段になって流れ落ちる場所には、重厚な石灰華ドーム（泉華台）が形成されている。泉華とは湯の華という意味だ。ドームは茶色で表層は無数のうろこ状の凹凸で覆われている。

まもなく、前方左手に猛烈な噴気が

省都昆明の空港から騰衝駝峰空港まで約１時間。空港から西へ 10 キロ

❶熱海大滾鍋。「滾る（たぎる）」という文字がふさわしい　❷茹でるための卵や芋を隣で販売している　❸巨大すぎて一望するのが難しい泉華台。写真の上側にも下側にも広がっている

見え、澡塘河が白く覆われる。崖下からいくつもの噴泉が間欠的に湯を噴き上げているのだ。一番勢いのある円錐形の噴泉塔は強弱を繰り返しながら、三方に向かって猛烈な勢いで噴出している。澡塘河瀑布の脇には、95℃の温泉を脈動的に噴き上げる蛤蟆嘴がある。黒い円錐状の噴泉塔の湯口が析出物で白く変色していて、蛤蟆（カエル）の嘴（口）にみえる(冒頭の写真)。

　近年、騰衝は急速に開発が進み、客室に温泉浴室のついた豪華なヴィラや高級日帰り温泉が次々と誕生しているのだが、その一方で、昔ながらのひなびた温泉街も残っている。熱海景区から2キロの黄《おう》瓜《か》箐《せい》汽泉はその一つ。東北の田舎の温泉地のような雰囲気で、強い硫黄臭と濃厚な灰濁湯で知られる。源泉は94～96℃。日帰り施設の一つ「黄瓜箐温泉療養院」で入浴してみたが、浴槽脇に敷いた干し草に寝転ぶと地熱浴も楽しめる珍しい温泉だった。

熱海景区遊歩道

❶三方に噴き上げる猛烈な噴泉は、大きな音を立てている ❷周遊路の後半のハイライトは澡塘河の噴煙地帯 ❸澡塘河瀑布脇の蛤蟆嘴は中国人観光客の記念写真スポット

美女池温泉

遊歩道からアクセスできる豪華入浴施設

## 黄瓜箐温泉

黄瓜箐温泉の街並み。
ひなびた雰囲気だが建物はきれいだ

黄瓜箐温泉療養院。気泡が盛んな足元湧出湯。
手前の干し草が敷いてある部分が地熱浴スペース

*column*

### ヒスイの「賭石」に挑戦

騰衝は隣国ミャンマーで採れたヒスイ(翡翠)の取引が盛ん。店先に原石が山積みされていた。削られた一部を見て中身を推測して買うそうで、ものすごい高価なヒスイか、安物かはまさに運次第。「賭石」と呼ぶそうだ。

騰衝温泉（Téngchōng）:中国雲南省騰衝市（China, Yunnan, Tengchong）　※中国語簡体字は腾冲（テンチョン）。日本では「とうしょう」と読むのが一般的　見学：騰衝熱海（腾冲热海）景区 9 ～ 20 時。美女池温泉、浴谷などの入浴施設が景区に隣接している　https://www.mafengwo.cn/poi/18507.html　入浴施設：黄瓜箐温泉療養院（疗养院） 6 時半～ 24 時　https://www.mafengwo.cn/poi/28404.html　シーズン：1 年中、気候温暖で過ごしやすいが、夏は雨が多い。11 ～ 3 月がおすすめ

✦ POINT
- クラビからの日帰りツアーで一番の人気
- どっぷり浸かれば心も体も満ち足りる

Thailand

# クロントム温泉

## 有名なリゾート地に湧く黒い石灰棚温泉

**川に注ぐ滝自体がベストな湯加減**

タイで有数のリゾート地、クラビ。石灰岩の険しい峰々と美しいビーチリゾートを兼ね備え、多くの映画の舞台となってきた。温泉好きの間では、石灰質の地形ならではの貴重な温泉があることで知られている。クロントム温泉という名だが、地元ではホットウォーターストリームの方が通じるようだ。クラビの中心から車で1時間ほどで行けるので日帰りツアー客が多く、駐車場には観光バスが何台も停まっている。

タイ
ヒンダート（p.90）
バンコク
カンボジア
プーケット
クラビ空港
クロントム

バンコク スワンナプーム空港から国内線でクラビ空港まで 1 時間 20 分。空港から車で 40 分

湯滝までは約200メートル。整備された木道の右手を小川が流れているが、これが温泉で、川床の数か所から湯が湧き出している。滝が近づくにつれ、湯気でモワッとした感じがしてくる。源泉温度は41℃とのこと。右手に向かうと湯滝が正面にあった。温泉が石灰棚を流れ下っていて、棚の一つ一つが適温だ。場所によっては1メートル以上の深さがある。驚いたことに棚は強固な岩盤で、黒っぽく見える岩盤をよく見ると、表面は藻できれいな緑色に染まっていた。外国人の利用が多く混雑している場合もあるが、ぬるめの湯は心地よくいつまでも浸かっていられる。

❶湯滝の上段の浴槽。欧米からの観光客でにぎわっていた　❷川の随所から温泉が湧き出し、滝へと流れていく　❸敬虔な仏教徒の多いタイ人の中には、人前での入浴に抵抗を持つ人もいる。遊歩道沿いの温泉池で足湯を楽しむのが人気だ

*column*

## ヒスイの名を持つエメラルドプール

遊泳可能なエメラルドプールはタイ語でスラモラコット（翡翠）と呼ばれる。クロントム温泉から10キロと近いので、日帰りで一緒に訪ねることができる。池に流れ込む水は成分の濃厚な冷泉で、薄い石灰棚を形成している。

クロントム温泉（Klong Thom ／＝ Hot Water Stream）：タイ クラビ県（Thai, Krabi）　入浴施設：クロントム温泉 8時半～17時　https://www.thailandtravel.or.jp/klong-thom-hot-springs/　シーズン：11～3月の乾季に訪れたい

Turkey

# パムッカレ

## 世界一有名な石灰棚と古代遺跡のプール

**夢にまで見たパムッカレ
その石灰棚はとにかく広大**

トルコ語で「綿の城」という意味のパムッカレ。炭酸カルシウムを豊富に含む温泉水が形成した見事な石灰棚（石灰華段丘）で知られるこの場所は、近くに築かれた都市遺跡・ヒエラポリスと併せて世界遺産に登録されている。

石灰棚は幅2キロ以上に及ぶが、温泉が流れているエリアは限られる。北門と南門の二つの入り口のうち、近いのは南門。それでも20～30分は歩く必要がある。観光シーズンの夏場の日中は40℃を超えるため、熱中症対策が欠かせない。

ようやくたどり着いた純白の石灰棚はやはり美しい。青みを帯びた温泉水との対比は神々しいほどだ。石灰棚での入浴は禁止されているが、下流の水路は立ち入り可能。観光客が多くて、ゆったりと浸かる雰囲気ではないが、パムッカレでの半身浴や足浴は忘れら

**✦ POINT**

- 石灰棚を切り取って素敵な写真を残したい
- 古代遺跡が沈んでいる露天風呂はまさに唯一無二

れない体験になるだろう。
　貴重な温泉水と景観を保護するため、パムッカレでは温泉水を流すエリアを日々コントロールして、全体的な白さを保っている。近年はさら

❶麓から見上げる石灰棚はまるでスキー場のゲレンデのよう　❷世界的に有名な観光地だけあって近代的な南門の入場口
❸石灰棚の下流では浸かれる場所もあるが、全体に浅い。素足で歩くようにと厳しく注意される

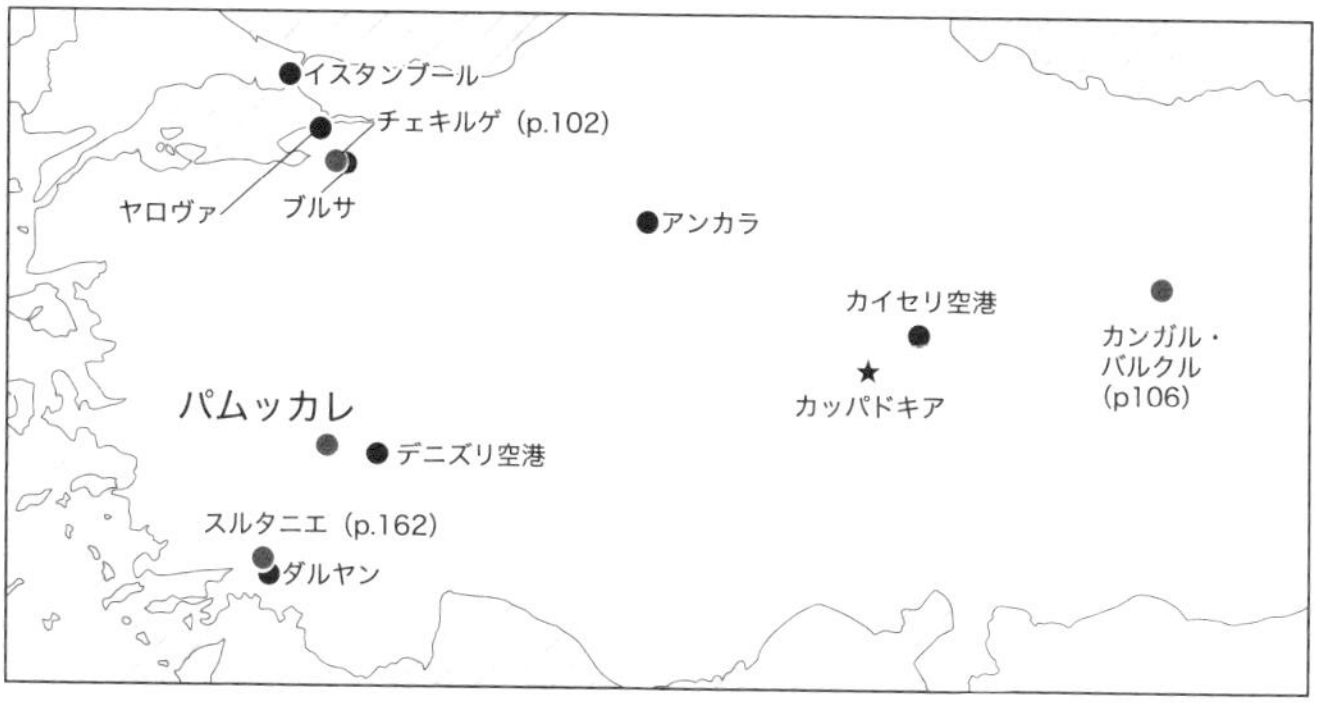


イスタンブール空港から約１時間のデニズリ空港よりシャトルバスで１時間

に湧出量が減少し、乾いた石灰棚ばかりだという声も聞く。ガイドブックの「最高の一枚」を期待して訪れると失望するかもしれないが、アングルを工夫すれば冒頭のような「絶景写真」を撮れる。斜め方向から石灰棚を眺めるポイントを探して、自分なりの最高の一枚を撮ってみたい。

パムッカレの背後にはローマ時代の都市遺跡・ヒエラポリスが広がる。当時の円形劇場や温泉大浴場がよい状態で保存されているが、広いので見学にはかなりの時間が必要だ。

南大浴場の裏に温泉露天風呂のアンティーク・プールがある（これをパムッカレ温泉とも呼ぶことがある）。ローマ時代の遺跡の隙間から湧く温泉を、そのままプールにしてしまったという大胆な足元湧出湯。地震で倒壊したローマ時代の柱や台座が足元に沈む露天風呂は世界でも唯一だ。石灰棚で全身浴できないフラストレーションを打ち消すのに十分な快適さだった。プールの入口部分は細い水路だが、橋をくぐるとメインの遺跡エリアに着く。湯温は35℃前後なので、暑い中を歩いてきた火照りを冷ますにもちょうどいい。底には細かな石が敷き詰められ、歩くと気持ちいいが、遺跡の柱がごろごろと沈んでいるので、転ばないように気をつけよう。

古代都市ヒエラポリス

❶南大浴場の建物を利用した博物館ではローマ時代の遺構や出土品を見学できる。通り過ぎてしまう人が多いが、展示物は見事だし、暑さもしのげる　❷温泉に浸かった後、水着のままヒエラポリス遺跡を観光する人もいるが、肌はかなり焼けるだろう

アンティーク・プール

珍しいので記念写真を撮る観光客が多い。気軽に腰かけているのは古代ローマの遺跡だ

アンティーク・プールの入り口

約 40℃の源泉が湧き出る場所は深いので、
ほとんどの人はロープにつかまっている

*column*

## 知る人ぞ知るカクルック洞窟

デニズリ空港とパムッカレの中間に見事な石灰棚がある。1999 年のトルコ大地震のあと、天井が崩れて発見されたカクルック洞窟だ。湯量・水量とも豊富で往時のパムッカレを彷彿させるが、ほとんど知られていない。探せばほかにも石灰棚が隠れているのかもしれない。

パムッカレ（Pamukkale）：トルコ デニズリ県パムッカレ村（Turkey, Denizli, Pamukkale） 見学＆入浴施設：パムッカレ 8 ～ 20 時（南門 6 時半～、季節による変更あり）アンティーク・プールの入浴は 9 ～ 19 時 https://www.pamukkale-turkey.com/（アクセス、営業時間、料金等が記載） シーズン：5 ～ 9 月は雨が少なく適期だが、真夏は暑すぎる

世界の温泉、ところ変われば①

# スパタウンで優雅な滞在を楽しむ

ヨーロッパの伝統的な温泉地を訪ねるとその美しさに驚くことがある。車の乗り入れを禁じた広大な公園は花々で溢れ、療養のためのクアハウスや壮大な宮殿のような飲泉所、利用者をもてなすオープンカフェやコンサートホールなどが点在している。歴史上の偉人や有名人が宿泊した歴史あるホテルに泊まり、医師のアドバイスを元に自分にあった食事、運動、飲泉を1週間以上かけて楽しむ。日本の温泉旅行とはずいぶんと異なるが、ゆっくりと流れる時間を楽しみたい人にはおすすめだ。

遊覧船が行き交う川べりに開けたバート・エムス温泉（ドイツ）

バーデン・バーデン温泉（ドイツ）の公園脇にはカフェや蚤の市が並ぶ

早朝は温泉の蒸気で煙って見えるカルロヴィ・ヴァリ（チェコ）の温泉街

マリアンスケー・ラーズニェ（チェコ）の老舗温泉宿ノヴァ・ラーズニェの外観はテレジアン・イエロー（p.80）に彩られている

第2章

# 長い歴史と伝統に育まれた温泉

# Taiwan 台湾

## 初めてでも懐かしさを感じる極上湯

日本人にとって身近な旅行先の台湾。九州より少し小さい面積の国土に１００を超す温泉が湧いている。自然湧出の湯が多いため、台湾に住む人々は古くから温泉を利用してきたが、日本の台湾領有をきっかけに本格的な開発が始まった。日清戦争に勝利した日本は１８９５年に清国から台湾を譲り受け、以来、第二次世界大戦が終結するまでの50年に渡って台湾を統治した。この時代に各地で発達した温泉が、台湾の人々によって大切に受け継がれ、今日のさらなる発展につながっている。

島の中央部を南北方向に急峻な山脈が貫いているため、鉄道や道路は東西の沿岸部を南北方向に結ぶ形で発展してきた。島の北端に位置する最大の都市・台北から台中を経由して、台湾第二の都市・高雄に至る西海岸の平野部には、高速鉄道や高速道路が整備され、政治・経済の中心となっている。一方、東海岸は急峻な山脈がいきなり海に落ち込むような断崖絶壁の地形で発展が阻まれてきたが、その分、素朴な田舎らしさを残している。

名湯ぞろいの台湾から数か所を選ぶのは至難の業だが、台北に最も近い北投温泉と、東海岸の在来線（東部幹線）沿いの素朴な温泉を選んでみた。

♥こんな人におすすめ

- 海外の温泉は初めて
- 長い休みは取れないけれど海外に行きたい
- 鉄道での旅や駅弁を楽しみたい

台湾茶や料理も旅の楽しみ（嘉義の東園軒）

## 旅の醍醐味・駅弁

台湾の鉄道の旅は駅弁も大きな楽しみ。ご飯の上に具材をのせたタイプが多い

## 台湾の鉄道事情

❶高速鉄道、在来鉄道、MRT が集中する台北駅舎　❷日本の新幹線をベースにした高速鉄道が西海岸（台北～高雄間）に導入されている　❸台北市内を縦横に走る MRT。写真は北投駅と新北投駅を結ぶ北投支線の車両　❹在来線列車の時刻表。「開往」は行き先、「備註」の準點は定刻、5 分遅れの時は晩 5 分と表記されることを知れば、容易に理解できる

地下鉄駅への入口には「防空避難」の表示。台湾の置かれている現状がわかる

日本時代の建造物も多く残る。写真は 1913 年に建設された新竹駅舎

## 多彩な温泉大国

❶台湾は火山性の温泉が多く、設備や泉質も様々。陽明山エリアの八煙野渓温泉は極上の白濁湯　❷関子嶺温泉は泥湯で有名。写真は景大渡假荘園　❸台湾では個室を借りて温泉を楽しむ「湯屋」が人気。また、多くの温泉宿では客室に温泉浴槽が備えられている。部屋にいながらにして温泉を楽しめるのは嬉しい（写真は北投温泉の春天酒店）

外国の温泉では「男」「女」の表示を間違えると大変なことになるが、台湾では田舎の無人の浴場でも漢字で書かれているので迷うことはない

●温泉
●主な都市
●北投（p.62）
●台北
蘇澳（p.66）●
●花蓮
瑞穂（p.68）●
安通（p.70）●
●台南
●台東
●高雄

### アクセス

日本から台北へは日本航空、全日空、チャイナエアライン、エバー航空のほか、LCC 各社も直行便を運航しており、選択肢は豊富。東京や大阪から 3 ～ 4 時間のフライトで時差も 1 時間と少ない。第二の都市、高雄へも数社が直行便を運航している。台北の空港は桃園と松山だが、どちらも MRT（捷運、都市鉄道、メトロとも表記）が乗り入れている。

### 旅のポイント

台湾では公共交通機関が発達し、治安もよく、親切に教えてくれる人が多いので、公共交通を利用した旅に向いている。本書で紹介するのも鉄道で行ける温泉ばかり。もちろん観光の国なので、運転手つきの専用車やレンタカーで回ることも可能。

### ベストシーズン

10 月～ 4 月ごろが過ごしやすいが、一年中多くの観光客が訪れる。ただし、夏場は台風の直撃に注意したい。

凍頂烏龍茶、阿里山金萱茶などの台湾茶は日本でも人気がある。美しい茶芸館や多彩なお茶請けとともに茶を楽しみたい

✦ POINT
- 青礦と白礦の二つの源泉を体験すべし！
- 奥が深く何度訪ねても新しい発見がある

北投温泉を支える地熱谷源泉（青礦）は見学客が絶えない

Taiwan

# 北《ペイ》投《トウ》温泉

**百年以上の歴史を誇る随一の名湯**

## 日本と関わりの深い施設が残る

　北投温泉は大屯山の麓に湧く台湾最大の温泉地。１８９４年にドイツ人のオウリーが「発見」したという記録が残るが、以前から地元では「ペクト」の名で知られていた。それに漢字をあてたのが「北投」。温泉開発は日本人の平田源吾が「天狗庵」という旅館を開業した１８９６年に始まる。日本の台湾領有後、公共浴場や陸軍兵士の療養施設などが建設され、旅館数も増加した。第二次世界大戦の後には、公娼制度のもと歓楽温泉地として栄えた時期もあるが、現在は家族連れや若者が安心して楽しめる温泉街に生まれ変わり、名実ともに台湾最大の温泉郷となった。台北市内から電車で30分という抜群のアクセスも魅力だ。

　北投温泉の中心はＭＲＴの新北投駅東側に広がる緩やかな傾斜地。20軒ほどの温泉宿や日帰り入浴施設が点在している。温泉街を縦断して流れる北投渓に沿って北投公園が整備され、緑が豊富なため、台北市内とは思えない静かな環境が保たれている。

公園内にはかつての北投温泉公共浴場を修復した「北投温泉博物館」があり、名湯の歴史を知ることができる。展示の目玉の一つが「北投石」。長い期間に渡って温泉の成分が少しずつ表面に付着して形成された石で、ラジウムなどの放射性元素を含んでいる。

北投温泉の豊富な湯量は「地熱谷（青磺）」と「硫黄谷（白磺）」の2大源泉に支えられている。北投公園の北東に位置する「地熱谷」は遊歩道が整備され、いつも大勢の見学客でにぎわっている。中心は緑色の巨大な池で、85℃を超す煮立ったような

❶伊豆山温泉を参考に1913年に建造された入浴施設を転用した北投温泉博物館。当時の浴場や北投石を見学できる　❷北投温泉博物館に展示されている重さ800キロの北投石　❸地熱谷の250メートル下流にある露天温泉。気軽に入浴できるが、いつも混んでいて、一定時間ごとの入れ替え制を採っている

白礦の源泉池、「硫黄谷」の地熱景観区

源泉から猛烈な湯煙が上がっている。pH1・4という強酸性泉で、この湯が北投公園内の露天温泉や周辺の旅館に供給されている。

　北投温泉から陽明山に向かうバスに乗れば、温泉街を過ぎたあたりで草木も生えない荒涼とした風景が目に入る。もう一つの源泉地帯「硫黄谷」だ。岩で作られたいくつかの貯湯槽に、青みを帯びた乳白色の湯（白礦）が満々と湛えられ、硫黄の黄色い結晶も見える。硫黄谷には白礦の足湯浴槽があるが、入浴したい場合は幽雅路沿いの旅

春天酒店の露天風呂では白礦を体験できる

北投石が再び育つように川での足湯を禁止する看板

北投温泉は、MRT 北投駅から一駅だけの支線に乗り換え、新北投駅で下車。新北投温泉と呼ぶガイドブックが多いが、地元では北投温泉の名が一般的

温泉卵などの食べ歩きも街歩きの楽しみの一つ

日本統治時代の新北投の駅舎が保存されている

日本統治時代の建物がそのまま残る共同浴場「瀧乃湯」

館などを利用する。

共同浴場の「瀧乃湯」や北投文物館などに日本統治時代の面影が残る一方、新しいタイプの温泉施設や豪華宿も続々と誕生している。二度、三度と回るごとに異なる面を発見できる奥深い温泉で、すべての人におすすめできる。

*column*

### 玉川温泉の北投石《ほくとうせき》の由来に

秋田県の玉川温泉は地熱地帯にあり、微量の放射線を含む岩盤に横たわる珍しい湯治で有名。ここで産出する北投石の名は、台湾の北投温泉に由来している。

北投温泉（Běi tóu）：台湾（中華民国）台北市北投区（Taiwan, Taipei, Beitou） アクセス：台北駅からMRT 淡水信義線で 30 分の北投駅で支線に乗り換え、一駅の新北投駅下車　見学＆入浴施設：地熱谷 9 ～ 17 時、硫黄谷 8 ～ 18 時、北投公園露天温泉 5 時半～ 22 時（途中 30 分の清掃時間 5 回あり）、北投温泉博物館 10 ～ 18 時　https://www.travel.taipei/ja/attraction/details/983（北投公園露天温泉）　https://www.travel.taipei/ja/attraction/details/750（北投温泉博物館）

阿里史冷泉溝（右手に冷泉が湧き出した際の波紋が見える）

✦ POINT

- 暑い季節にうれしい 21 ～ 22℃の冷泉
- やわらかな気泡に包まれて極上のひとときを

Taiwan

# 蘇《スー》澳《アオ》冷泉

**かつて「毒水」と呼ばれた貴重な炭酸泉**

## 天下奇泉の冷泉公園

日本の温泉法では25℃未満の冷たい水でも、一定量以上の成分を含む場合は温泉（＝冷泉）と呼ぶが、蘇澳は炭酸成分を多く含む世界的にも貴重な冷泉として知られている。水温は一年を通して21～22℃。蘇澳冷泉公園と阿里史冷泉の二か所で入浴できる。入浴直後はひんやりとするが、まもなく身体中に小さな気泡が付着して、ポカポカと温まる感じがする。プールの底には玉石が敷き詰められ、足の裏に適度な刺激があって気持ちいい。冷泉を口に含むと、サイダーのような泡立ちを感じる。炭酸泉は鉄分を含む場合が多く、時間が経つと赤茶けた鉄色に変化してしまうが、ここは無色透

暑い季節は入浴客で埋まる蘇澳冷泉公園のプール

蘇澳冷泉公園は2022年に改装されたが石碑は健在だ

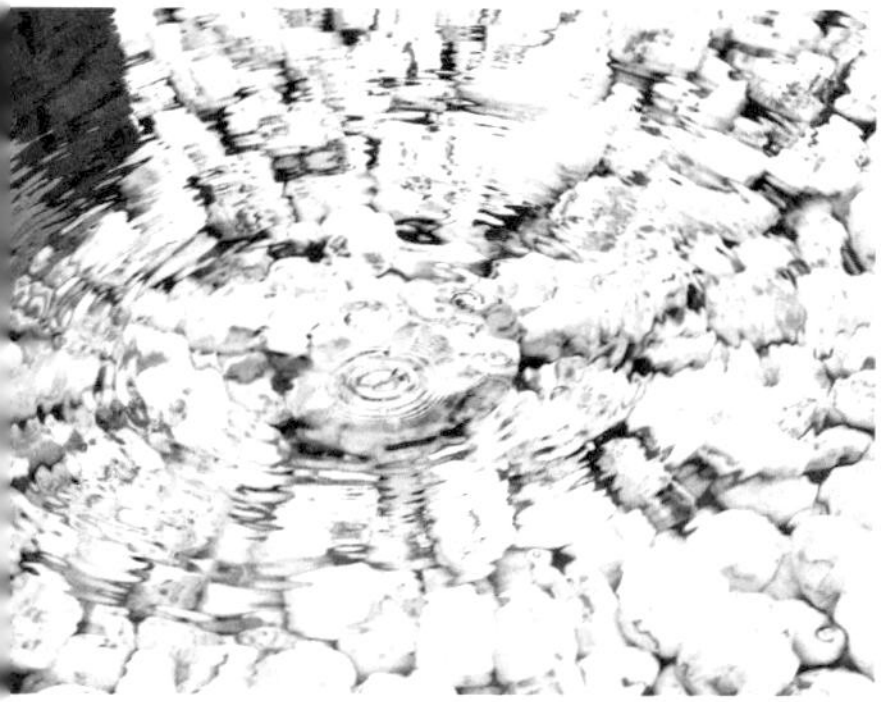

敷き詰めた小石の間から炭酸泉の気泡が立ち上る

改装された阿里史冷泉浴室の入り口

明のままでとても珍しい。まさに「天下奇泉」の名がふさわしい。

　阿里史冷泉にはプールのような感覚で楽しめる冷泉溝と男女別に裸で浸かれる内風呂がある。一方の蘇澳冷泉公園には大きな冷泉プールと貸切り利用できる個室風呂があるので、好みで使い分けたい。

　冷泉の存在は古くから知られていたが、泡立つ水の中で虫の死骸が浮いていたため、長い間、「毒水」と恐れられていた。19世紀末に蘇澳を訪れた軍人の竹中信景氏が冷泉のすばらしさに驚き、成分を分析した結果、害のない水と証明され、冷泉の飲用・浴用が始まった。最近は冷泉を楽しめる豪華ホテルも開業しているが、清冽な気泡浴を体験したいなら、ぜひ二か所の冷泉浴場を訪ねてみよう。

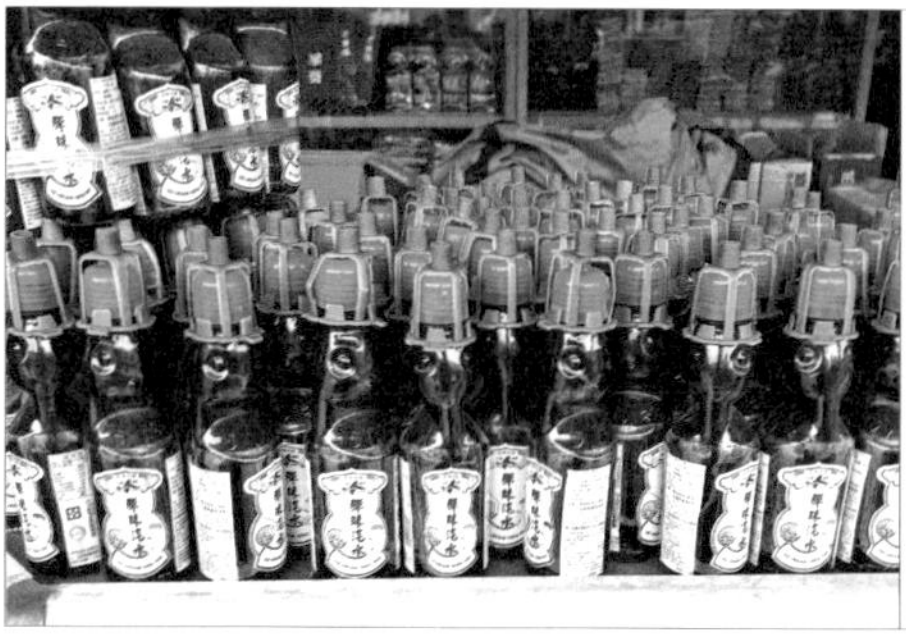

*column*

**蘇澳名物の弾珠汽水（ラムネ）**

炭酸水に糖分を加えて作るラムネは蘇澳名物となり、当時はラムネ工場まで建造された。一時的に廃れたが、今は復刻されて冷泉公園前の店などで販売されている。

蘇澳冷泉（Sū ào）：台湾（中華民国）宜蘭県蘇澳鎮（Taiwan, Yilan, Sū ào）　アクセス：台北から東部幹線特急で1時間半～2時間の蘇澳新駅下車。各駅停車に乗り換えて支線の蘇澳駅まで5分　入浴施設：蘇澳冷泉公園10～16時（週末9～17時）11～3月は休業、阿里史冷泉24時間可　https://www.taipeinavi.com/play/287/（蘇澳冷泉公園）

Taiwan

# 瑞《ルイ》穂《スイ》温泉

## 開湯百年を迎えた台湾屈指の濁り湯

黄濁湯が印象的な
丘の上の一軒宿

東部幹線沿いの温泉巡りの二つ目は瑞穂温泉。台北から特急列車で3時間と遠出になるが、台湾名物の駅弁を購入して、都市部から田園地帯へと移り変わる車窓風景を眺めるのも楽しい。瑞穂駅から約4キロ。急坂を上り、排水溝を流れ下る温泉水と溝を覆う析出物が見えると瑞穂温泉山荘に到着だ。

瑞穂温泉の前身は日本統治時代の1919年に設けられた警察の保養所「滴翠閣」。日本の有馬温泉と似た泉質で、かつては黄金温泉と呼ばれていた。

新鮮な湯がかけ流しの露天風呂は見事に黄濁した含土類系の泉質。浴槽の縁や床面は析出物でコーティングされている。見かけは濃厚だが、ニオイや味はほとんどない。小高い丘の中腹にあって、見晴らしも抜群。男女一緒に水着で入浴する方式だが、露天風呂の

✦ POINT
- 台湾でも濁り湯に浸かってみたい
- とにかく効きそうな感じのお宝温泉

この看板が目印。あとは急な坂を上るだけ

百年老店の看板を掲げる瑞穂温泉

台湾では炭酸を含むこのような濁り湯は珍しい

浴槽脇の岩には年輪のような析出物の層が形成されている

脇に並ぶ個室風呂は裸で入浴できる。

瑞穂温泉は元々一軒宿だが、このあたりは掘れば温泉が湧くようで、大小さまざまな入浴施設が誕生し、豪華な宿も開業している。濁り湯もあれば透明な湯もある。開業してもすぐに廃業してしまう施設もあって安定しないが、掘り出し物を探す湯巡りも楽しい。

*column*

### 一軒宿の紅葉温泉

瑞穂温泉から西に2.5キロの場所に紅葉（ホンイエ）温泉があった。平屋建ての素朴な日本家屋で人気だったが、残念ながら休業中。かつては安通、瑞穂、紅葉を合わせて東部の三大温泉と呼んでいた。

瑞穂温泉（Ruisui）：台湾（中華民国）花蓮県瑞穂郷（Taiwan, Huālián, Ruisui）　アクセス：台北から東部幹線特急で3時間前後の瑞穂駅下車。駅からタクシー5分。夏以外なら歩いてもよいが、宿は急坂の上にある
宿泊＆入浴：瑞穂温泉7～23時

# 安《アン》通《トン》温泉

## かつての日本旅館の面影をそのまま残す

**はっきりした硫黄臭の内湯が秀逸**

東部幹線沿いを巡る旅の最後は安通温泉。１９０４年に、防虫剤などに用いる樟脳採取のために訪れた日本人が源泉を発見し、その後、警察の招待所や公衆浴場が設けられた。安通渓の河岸には自噴する源泉が多く、夏には水遊びを兼ねて大勢の人々でにぎわう。温泉ブームの影響で周囲に宿や入浴施設が増えたが、元は「安通温泉飯店」の一軒のみだった。

かつては木造平屋の日本家屋のひなびた旅館だった安通温泉飯店も、今は全室に温泉浴槽を備えた立派なホテルに生まれ変わった。人気の露天風呂は一見すると完全に和風のテイストだが、南国の台湾ではヤシの木々

**✦ POINT**

・露天風呂の周囲は竹林ならぬヤシ並木
・のんびりと列車旅で訪れたい

安通温泉飯店の玄関。外観からはひなびた旅館だった面影は感じられない

温泉にこだわる人は白い湯の華の漂う屋内の個室風呂を見落とさないでほしい

開業当時の和風建物は資料館として開放され、畳敷きの部屋などを見学できる

資料館の廊下を歩くと懐かしい田舎の家にいるような気持ちになる

が周囲を飾っている。

屋内には男女別に裸で浸かれる大浴場があり、その脇にサイズの異なる個室風呂が並んでいる。個室風呂は源泉１００％のかけ流し。蛇口をひねると、硫黄臭がプーンと漂う。屋上にもきれいな個室風呂が新設されているが、温泉好きならばぜひ屋内の個室風呂を体験してほしい。

日本時代の１９３０年に建てられた木造旅館は、２００４年に花蓮県の歴史建築に指定された。今も内部を見学することができる。快適な客室と新旧の温泉浴場、伝統的な和風建築をうまくミックスさせた心地いい宿である。

*column*

### 東部幹線を特急列車で旅する

蘇澳、瑞穂、安通、など東海岸の温泉を巡るには、日本製の車両が導入された列車旅が便利。写真のタロコ号のほか、プユマ号、自強号などがあり、停車パターンの違いから所要時間も微妙に異なる。乗り比べてみるのも楽しい。

安通温泉（Āntōng）：台湾（中華民国）花蓮県玉里鎮，（Taiwan, Huālián, Yù lǐ） アクセス：台北から東部幹線特急で3時間から3時間半の玉里駅で下車し、タクシーか送迎車で20分。前出の瑞穂駅から玉里駅までは特急で15分 宿泊＆入浴：安通温泉飯店8～21時 http://www.an-tong.com.tw/ja

# ハンガリー Hungary

## ドナウの真珠と謳われた古都と名湯

**♥こんな人におすすめ**

- 歴史的な古都ブダペストで観光も温泉も楽しみたい
- 公共交通機関を利用して旅したい
- 析出物や濁り湯にも興味がある

ヨーロッパ中央部に位置するハンガリーは知る人ぞ知る温泉王国。九州ほどの面積の国土に、１００を超える温泉地と５００近い温泉施設がある。

古代ローマ帝国の時代、ブダペストはパンノニアと呼ばれていた。現在の市内北部のアクインクムが中心地で、当時の温泉浴場の遺構が今も残る。ローマ帝国の滅亡とともに温泉文化は衰退したが、16～17世紀にかけて、オスマン帝国がハンガリーを支配すると、新たな文化・様式のもとで息を吹き返した。この時期に建設されたトルコ式の温泉施設（ハマム）もいくつか現存している。19世紀のハプスブルグ帝国（オーストリア＝ハンガリー二重帝国）の成立以降はヨーロッパ式の温泉施設が増加。このように、ローマ、トルコ、ハプスブルグ帝国の影響を受けた精巧で美しい温泉施設を楽しめるのが特徴だ。

ヨーロッパでは源泉をろ過して湯の華などを取り除き、塩素消毒を加えて浴用に使う国が少なくないが、ハンガリーは源泉をそのまま使用している施設が大半。ろ過・消毒しているプールもあるが、それとは別に源泉プールを備えている施設が多い。ここでは、ハンガリーの歴史ある温泉を中心に、析出物の見事な温泉や濁り湯も紹介する。

## 歴史ある建築物や遺跡を見学

❶初代国王にちなんで命名された聖イシュトバーン大聖堂はブダペストを代表する建築物　❷ 1904 年にゴシックリヴァイバル式で建てられた国会議事堂はガイドツアーで内部を見学できる　❸ローマ時代には巨大な浴場があった。アクインクム遺跡には浴場や劇場の遺構が残されている　❹ブダペスト市内のキラーイ温泉はオスマン帝国時代の建造だったが休業中

市電と地下鉄を利用すれば、
ブダペスト市内を自在に動ける

## 旧王宮が残るブダの丘

❶ブダの丘に上るにはケーブルカーの利用が便利　❷ブダの丘からドナウ川と鎖橋、ペスト側を見下ろす。奥に高くそびえるのは聖イシュトバーン大聖堂　❸ブダの丘のシンボルの一つ旧王宮

## 地方に足をのばして

❶古都エゲルはヘヴェシュ県の県都。かつて三大要塞の一つと呼ばれたエゲル城から街並みを見下ろす。エゲルは温泉の町としても知られる（p.82）　❷本書ではとりあげなかったヘーヴェーズ温泉。湖そのものがぬるめの温泉だ　❸「ハンガリーでもっとも美しい村」といわれ、世界遺産にも登録されているホッローケー村。ブダペストからの日帰りツアーも多く、エゲルと組み合わせたツアーもある　❹ホッローケーで民族衣装を着た女性

## グルメ＆ショッピング

❶1897年に完成した中央市場でのショッピングや飲食も楽しい ❷ハンガリーはフォアグラの産地で有名。フランスなどに比べ安価で楽しめるのも魅力だ ❸ハンガリー名物のパプリカチキン。ハンガリー風パスタのガルシュカをつけあわせることが多い ❹演奏を楽しみながらテラス席で食事をとるのが夏のドナウの風景

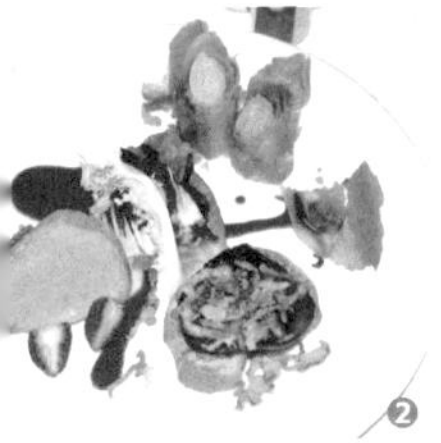
❷

❸

❹

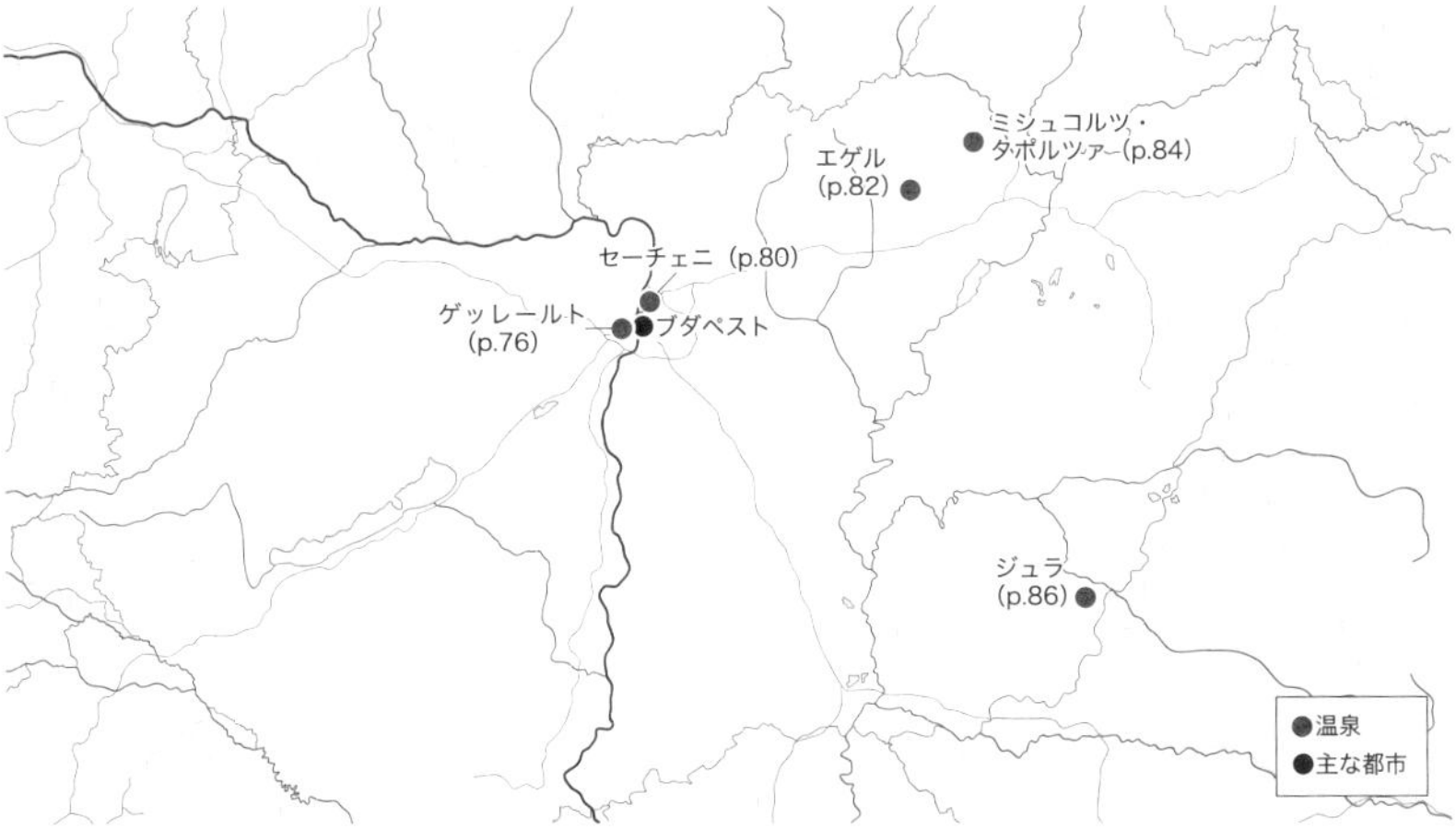


### アクセス

日本からの直行便はない。ヨーロッパの主要空港で乗り継いでブダペストに入るのが一般的。直行便のあるウィーンを起点に、ブダペストとあわせて二つの古都を巡るなら、鉄道が便利。直通の特急列車を利用すれば約２時間半で移動できる。

### 旅のポイント

温泉体験を組み入れたツアーが多いので、予約時にどの温泉が含まれるのかを確認しておこう。ブダペストでのフリーステイを含むツアーであれば、好みの温泉を楽しめる。地下鉄や路面電車網が市内を縦横に走っているため、有名な温泉にアクセスしやすい。また、全土に渡って鉄道網が発達しているため、列車で旅をしやすい国でもある。もちろん効率的に温泉巡りをしたい場合は、運転手つきの専用車かタクシーをチャーターするのが便利。日帰りはもちろん、一泊二日もあれば、行きたい温泉を訪れることができる。

### ベストシーズン

ハンガリーは年間を通して降水量が少なく、旅行しやすい国。とはいえ、冬場は氷点下まで気温が下がるので、４～10月頃が旅行シーズン。大半の温泉は年中営業しているが、露天のプールは冬季休業の場合がある。

✦ POINT
・陽光が差し込む温泉プールは芸術作品
・旅先での朝風呂もいい思い出となる

Hungary

# ゲッレールト温泉

## ブダペストを代表する美しい温泉浴場

重厚感ある歴史的ホテルで
ぜいたくな時を

「ドナウの真珠」と称されるブダペストは温泉の豊富な首都。市内だけで１００以上の源泉と50近い温泉施設がある。ブダペストは複数の中世都市が合体して生まれた町。その中心はドナウ川西岸のブダと東岸のペスト。両者の名を組み合わせてブダペストと命名された。

平坦なペスト地域に対し、ブダには丘陵が広がる。中でも王宮のあった旧市街は世界遺産に登録され、ブダペスト観光の中心となっている。丘陵の南端は「ゲッレールトの丘」と呼ばれ、麓には一軒宿のダヌビウスホテル・ゲッレールトが建つ。１９１０年代築のホテルは堂々たる外観。ブダペストのシンボル的な建物で、ドナウ川クルーズの船からも雄々しい姿を眺められる。伝統的なホテルに宿泊しての入浴はもちろんだが、日帰りでも十分に楽しめる。

ホテルの浴室棟は高い丸天井のホールが印象的。温泉の長い歴史を感じさせる。ガラス越

歴史の重みを感じさせるホテルの外観

温泉浴場棟のホールはとても美しい

天井にもレトロで精緻な装飾が施されている

湯口は獅子の形

緻密な彫刻が施された温泉プールの列柱

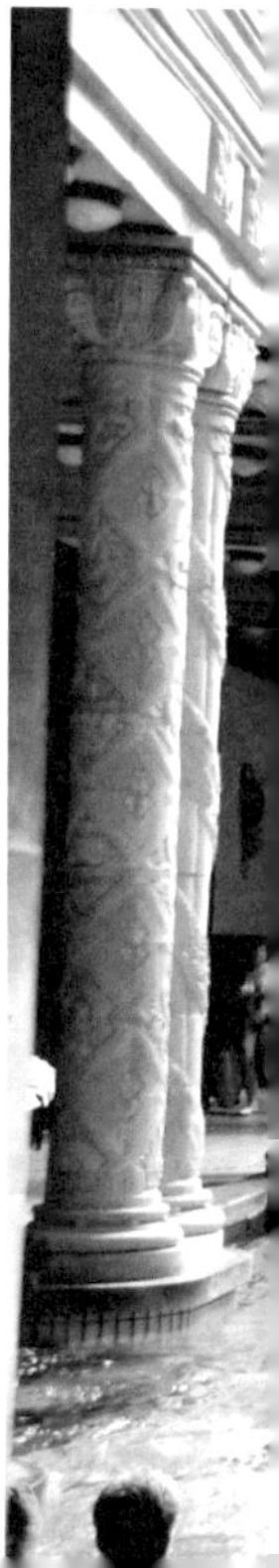

ドナウ川のクルーズ船から見るゲッレールトの丘とホテル

しに巨大な温泉プールが見えるが、ツアーの中には、ここから浴場を見学するだけというコースがある。ここまで来てがっかりしないために、事前にツアー内容を確認しておこう。アールヌーボー様式の太い柱が並ぶ広大な温泉プールは水着着用で男女混浴。30℃台前半のプールは、ぬるいというよりやや冷たい感じだ。獅子を模った多くの湯口から絶えず湯が注いでいるが、無味無臭、無色透明で湯感はさほどない。

　じっくりと温まりたい人は、入口左手の半円型浴槽へ。とはいえ、日本の一般的な温泉に比べればぬるめで37～38℃程度。二階にはプールを見下ろせる回廊があり、観光パンフレットやガイドブックでよく見かけるアングルに立つことができる。

　湯がすばらしいのは地下にある男女別の浴室。ブルーが基調のトルコ風浴室には浴槽が二つ。左手は36℃、右手は38℃と記されているが、もう少し高めに感じる。右手の浴槽は日本人にとって快適で長湯に向く。ただ、現地の人は低温の浴槽が好みのようで、いつまでも浸かっていた。朝は6時から営業しており、出勤前に朝風呂を楽しむ人も多い。

ゲッレールトの丘とドナウ川に架かる自由橋。橋の上を市電が走っている

①波の立つ屋外プールは冬季閉鎖となる　②地下の男女別浴場はトルコ風の青が印象的なデザイン　③隅々まで繊細な装飾が施された浴場は見るだけでも楽しい　④玄関前の飲泉場はユニークな形状だ

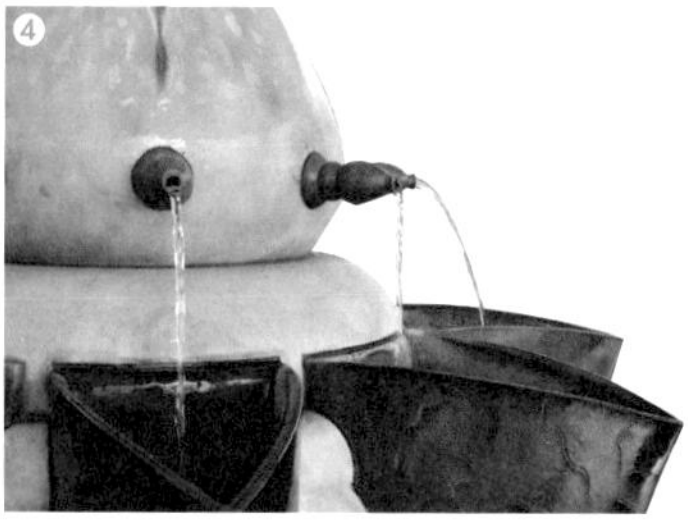

*column*

**ドナウ川クルーズは楽しい**

ブダペストの滞在中に一度はドナウ川クルーズを体験したい。さまざまな地元料理を楽しめるランチクルーズやライトアップされた旧市街を眺めて楽しむナイトクルーズなど、いくつものコースがある。クルーズ船の奥に見える国会議事堂はドナウ川からの眺めが美しい（p.73）。

ゲッレールト温泉（Gellért Gyógyfürdő）：ハンガリー ブダペスト市（Hungary, Budapest）　アクセス：地下鉄３号線カールヴィン広場駅でトラムに乗り換え聖ゲッレールト（Szt. Gellért）下車　宿泊＆入浴：ダヌビアス ホテル ゲッレールト（Danubius Hotel Gellert）９～19時　https://www.gellertbath.hu/

✦ POINT
- 世界遺産の地下鉄に乗って行ける
- 家族連れにはゲッレールトよりおすすめ

Hungary

# セーチェニ温泉

**見上げれば際立つテレジアンイエロー**

## 温泉チェスで有名な日帰り温泉

　ブダ側の代表がゲッレールトだとすれば、セーチェニはペスト側を代表する温泉。地下鉄1号線のセーチェニ温泉駅で下車し、地上に出ると、柱頭飾りが美しいひときわ豪壮な建物が見える。バロックリバイバル様式のセーチェニ温泉は1913年の建造。プールと健康センターは1927年に増設されたとあって、まもなく百周年を迎える。外観はハプスブルグ帝国の「女帝」マリア・テレジアに由来する柔らかなテレジアンイエロー。温泉というより宮殿のようだ。

　建物の入口が複数あるうえ、屋外と室内の温泉の場所も入り組んでいて、迷いやすい。屋外の温泉プールは三つ。中央が泳ぐためのプールで、両端が浸かるためのプール。それぞれ湯温が異なる。プール内の一角には、チェス盤を置くための石台がある。温泉に浸かりながらチェスを楽しむ光景はセーチェニ温泉の名物となっており、

セーチェニ温泉の正面玄関

そばで眺めているだけの人も少なくない。開放的な雰囲気なので、ゲッレールトに比べて若者や家族連れの利用が多い。

室内には全部で12の温泉プールがあり、うち八つは男女共用で毎日利用でき、残りの四つは男女別で日替わり利用。屋外プールに比べて温泉の質がよく、湯口付近には硫黄と金気臭のまざった特有の臭いが漂う。

若い人たちも温泉チェスを楽しむ

世界中から観光客が集まり夏は混雑する

*column*

**地下鉄が世界遺産！？**

1896 年開業の地下鉄 1 号線はロンドンに次いで世界で二番目に古い地下鉄（左）。世界遺産にも登録されている。セーチェニ温泉駅（右）の階段を上るとすぐに温泉が見える。

セーチェニ温泉（Széchenyi Gyógyfürdő）：ハンガリー ブダペスト市（Hungary, Budapest） アクセス：地下鉄 1 号線セーチェニ温泉駅下車すぐ　入浴施設：セーチェニ温泉 7～20 時（週末は 8～20 時） https://www.szechenyibath.hu/

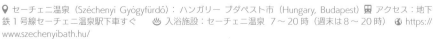

✦ POINT
・400年の歴史を誇るいにしえの湯
・エゲルサロークの石灰棚温泉も必見

Hungary

# エゲル温泉

## ワインで有名な古都の伝統的温泉

### 豪快な打たせ湯とトルコ式浴場が名物

エゲルはブダペストの北東１２０キロに位置する古都。13世紀に建てられたエゲル城をはじめ歴史的建造物が残る。高台に建つエゲル城からの眺め(74ページ)は抜群だ。

温泉施設はエゲル川のほとりに位置し、誰でも気軽に入浴できる。正面の階段下の打たせ湯が人気で、土管のような湯口から大量の湯が流れ落ちている。お湯が滝状に広がるため、マッサージ効果は弱いが、全身で温泉を浴びるのは心地いい。また、トルコ風の丸天井は１６１０年に建てられた浴室で、今でも療養に使われている。療養以外の時間帯は一般客でも利用できるので、本物の湯にこだわる人におすすめしたい。

エゲルへ来たからには、南東へ10キロのエゲルサローク温泉も見逃せない。石油発掘中の１９６１年に湧き出した70℃の温泉は、炭酸カルシウムを多く含んだため、みるみる巨大な石灰棚に成長した。石油は得られなかったものの、大型ホテルチェーンが一帯を買い上げ、２００７年に温泉ホテルを開業した。石灰棚はホテルの一部に組み込まれ、野趣あふれる景観は失われたが、硫黄臭のはっきりした湯を広大な温泉プールで楽しむことができる。

豪快な打たせ湯が左右に三本ずつあり、順番待ちの人が絶えない

温泉施設の近くに冷泉の飲泉場がある

エゲルサロークの石灰棚は複雑な形に成長し続けている

石灰棚の奥にホテルの温泉プールが見える

*column*

## 有名な「美女の谷」で赤ワインを

エゲルは「雄牛の血」と呼ばれる赤ワインの産地として有名。「美女の谷」と呼ばれるエリアに、40軒以上のワインセラーが軒を連ねている。ブダペストからの日帰りツアーもあるし、専用車をチャーターすれば、エゲルとエゲルサロークの温泉に加え、ワイン蔵巡りを楽しめる。

エゲル温泉（Eger Termálfürdő）：ハンガリー ヘヴェシュ県エゲル市（Hungary, Heves, Eger） アクセス：ブダペストから車で1時間40分、またはブダペスト東駅から鉄道で2時間のエゲル駅からバス5分 入浴：エゲル温泉（Eger Termálfürdő）10～18時 https://termalfurdo.egertermal.hu/en/ 宿泊&入浴：サリリス・リゾート・エゲルサローク（Saliris Resort Egerszalók）10～20時（週末は21時まで） https://www.hunguesthotels.hu/hu/hotel/egerszalok/hunguest_saliris/hunguest_saliris/

Hungary

# ミシュコルツ・タポルツァ温泉

**析出物の成長が速すぎる濃厚湯**

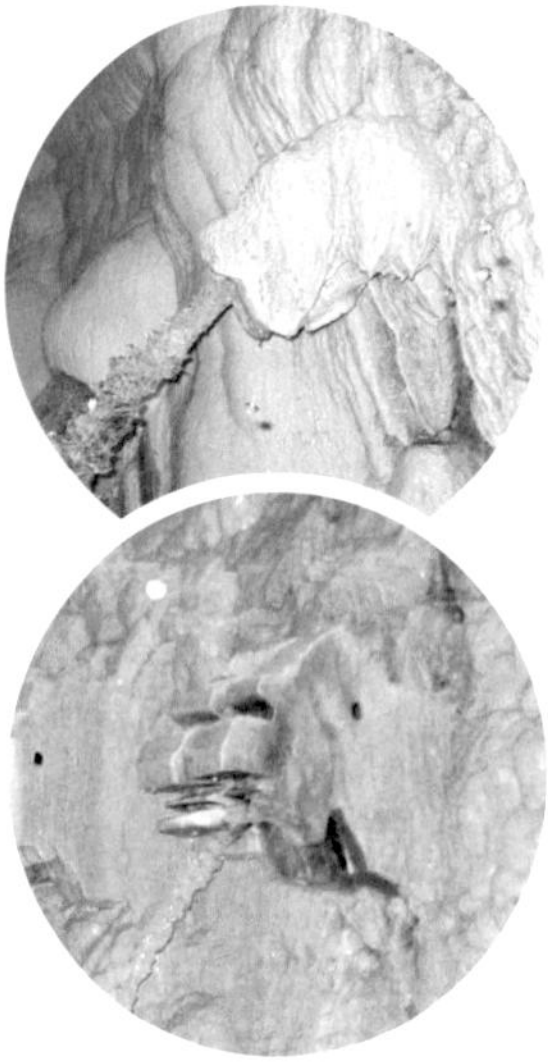

一見するとわかりにくいが（上）、析出物でパイプが詰まってつけ替えられたばかりの湯口をみると動物の顔だったことがわかる（下）

## 迷路のような洞窟探検が楽しい

北東部のミシュコルツは工業都市として知られる。その郊外に有名な「洞窟温泉」がある。中世から利用されてきた温泉だが、１９５９年に今のスタイルで営業を開始した。利用客の急増に応えるため、何度も大規模な拡張工事が行われたが、今でも夏場は入場待ちの長い列ができるほどの人気だ。

入館すると、二階から浴室を見下ろせるテラスのような場所に出る。天然の石灰岩の岩壁が正面にそびえ、迫力満点。手前に水色の床の温

**✦ POINT**

- 打たせ湯は好みの強さを選びたい
- 湯口の「動物」の成長を確認しよう

❶二階から見下ろした内湯。洞窟に入らず、ぬるめの湯に浸かるだけの人も多い　❷洞窟の入り口。大人の腰高程度の深さで、小学生くらいの子どもでも楽しめる

泉プールがある。岩壁には穴が二か所開いていて、これが洞窟への入り口だ。浴室に陽光が差し込む設計のため、自然光だけで明るく感じる。温泉プールの左右には打たせ湯やジャグジー浴槽などが並んでいる。無色透明、無味無臭の湯で、30℃前後とかなりぬるめだ。

洞窟内は入り組んでいて、探検気分を味わえるので家族連れにも人気。子どもにとっては忘れられない体験になるだろう。洞窟内には35℃前後の加温浴槽もあるし、少し開けた空間には打たせ湯がある。肩や腰に湯をあてて気持ちよさそうにマッサージする光景は西洋でも変わらない。石灰成分を多く含むため、打たせ湯の湯口付近は析出物で覆われている。まるで鍾乳洞のような景観だ。

*column*

### 珍しくないコウノトリ

ハンガリーの郊外で電柱を見上げると、コウノトリのカップルが巣作りをしているのが見える。最初はものすごく感動するが、どこにでもいるので、まもなく見慣れてしまう。

ミシュコルツ・タポルツァ温泉（Miskolc-Tapolca Barlangfürdő ／ =Cave Bath）ハンガリー ボルショド・アバウーイ・ゼンプレーン県ミシュコルツ市（Hungary, Borsod-Abaúj-Zemplén, Miskolc）アクセス：ブダペストから東へ車で２時間、またはブダペスト東駅から鉄道で２時間半のミシュコルツ・ティサ駅（Miskolc-Tiszai）から市電とバスを乗り継ぎ 30 分　入浴施設：洞窟温泉（Barlangfürdő）９～18 時　https://barlangfurdo.hu/en

Hungary

# ジュラ温泉

## ヨーロッパでは珍しい濃厚な黒湯

**国境を守る城下町に湧く黒い温泉**

濃厚な泉質の温泉が多いハンガリーでも、他に類を見ない「黒湯」を紹介したい。ブダペストから南東へ２４０キロ。ルーマニア国境近くにジュラの町がある。ハンガリー語の発音は難しく、ジュラとギュラの中間のような音になる。14～16世紀にかけて建設されたジュラ城は国防上、重要な城であったが、オスマン帝国の侵略で征服され、

**✦ POINT**

- 変わった濁り湯が好きな人に
- 慣れてしまえばクセになるニオイ？

1962年に復元されたジュラ城。かつてはエグルと並ぶ重要な要塞だった

人口は激減した。18世紀初頭に町は再建され、城は1962年に復元された。

ジュラ城の近くにあるのが、そのものずばりの「城温泉」。巨大な日帰り施設で濃い褐色の湯が特徴的だ。ヨウ素を豊富に含む植物由来の湯だが、鼻をつくような「アブラ臭」が強烈。温泉マニアなら東鳴子温泉（宮城県）などと似た泉質といえば通じるだろうか。それが広大な露天風呂と内風呂に満ちあふれているのだ。園内には20前後のプールがあるが、屋外プールの営業は夏場のみ。

内風呂のある建物は天井が高く、巨大な体育館のよう。壁で閉じられている分、ニオイは露天よりも強く感じる。湯温はさまざまなので、好みの浴槽を探して入浴できる。ぬるめの湯にじっくりと浸かる人が多い。今はウォータースライダーや造波装置を備えた巨大なプールゾーンが併設されている。

❶屋内プールも真っ黒。ただのプールと侮るなかれ。アブラ臭が強烈だ　❷内風呂の左奥に保温用のビニールカーテンがあり、くぐるとそのまま円形の露天風呂につながっている　❸人気の打たせ湯浴槽も真っ黒

*column*

**湯上りには綿菓子！**

ハンガリーの田舎では温泉プールを取り巻くように公園がある。公園にはさまざまな露店が並ぶが、綿菓子は人気のアイテム。温泉と綿菓子という組み合わせが面白い。

ジュラ温泉 Gyulai Fürdő：ハンガリー ベーケーシュ県ジュラ町（Hungary, Békés, Gyula　アクセス：ブダペストから車で３時間、または鉄道で３時間半のジュラ駅からバス 20 分　入浴施設：ジュラ城温泉（Gyulai Várfürdő ／ =Castle Bath）８～19 時　https://varfurdo.hu/en/

✦ POINT
- アメリカの古き良き湯の最高峰
- ビッグスケール！温泉プールは全長123メートル

the USA

# グレンウッド温泉

## ロッキー山脈の懐に抱かれた伝統的なロッジ

州都デンバー空港から車で３時間半。またはデンバーから特急で５時間40分

### 鉄道でも行ける人気の山岳温泉

標高約１７００メートルに位置するコロラド州のグレンウッド温泉。アメリカ西部を南北に貫くロッキー山脈地域を代表する温泉として知られる。ネイティブアメリカンのユート族はこの温泉をヤンパ（偉大な癒しの力）と呼んでいた。１８６０年代に入植してきた白人が「グランドスプリングス」と名づけ、１８８５年にグレンウッド・スプリングスと改称した。

１８８７年の鉄道の開通で観光客が増え、温泉町は発展した。駅から橋を渡って５分で温泉ロッジに着けるのも魅力。アメリカでは珍しい「駅前温泉」だ。

長さが１２３メートルもある巨大なプールがこの温泉の目玉。１９５６年に整備されたもので、端は浅いが中心部は１２０～１５０センチと深くなる。32～33℃とかなりぬるめだが、不思議といつまでも浸かっていられる。脇には子ども用の浅いプールと約40℃のホットプール。さらにはウォータースライダーがあり、子どもから大人まで一日楽しめる。

宿泊棟の脇にひっそりと微白濁の源泉池がある。50℃の湯が毎分920リットルも湧き出している。その隣の円形の池は飲用温泉。透明な湯だが、白い析出物が壁面を覆っている。温泉プールより硫黄臭も塩味も強烈だ。

オレンジ屋根が鉄道駅。橋を渡った川の左手がロッジ

朝早い時間には源泉池から蒸気が立ちのぼる

誰もが自由に汲める飲用源泉

*column*

### テディベア発祥の地

ロッジの隣に建つホテルコロラドはセオドア・ルーズベルト大統領ゆかりの宿。メイドが手作りした熊のぬいぐるみを見た娘のアリスが喜んで、それを「テディって呼ぶわ（テディはセオドアの愛称）」と答えたことから、テディベアという言葉が誕生した。アメリカの伝統宿に宿泊して、ロッジの温泉を楽しんでもよい。

グレンウッド温泉（Glenwood Hot Springs）：アメリカ コロラド州（USA, Colorado） 宿泊&入浴：グレンウッド・ホットスプリングス・ロッジ（Glenwood Hot Springs Lodge） 9～21時 https://www.hotspringspool.com/ シーズン：5～10月。ウィンタースポーツめあての旅行者で冬もにぎわう

✦ POINT
・温泉と川の水の交互浴で気分はスッキリ
・強行軍だがバンコクから日帰りもできる

Thailand

# ヒンダート温泉

**人気の温泉は旧日本軍が掘り当てたもの**

## ミャンマー国境近くに湧く名物露天風呂

バンコクの西２５０キロにあるヒンダート温泉（ヒンダー温泉）。第二時次世界大戦中の１９４２年に旧日本軍が掘り当てたとされる温泉で、かつては脇を流れる川の名からクイマン温泉と呼ばれていた。バンコクからひたすら西へ進みミャンマー国境が近づくと、密入国者をチェックするための検問場が増えるが、気にする必要はない。４時間かかって温泉に到着。

橋の先を右手に折れて湾曲した坂道を下ると、四つの長方形の露天浴槽が一列に並んでいて、一番手前が僧侶専用、次が子ども用、奥の二つが一般向けの露天風呂だ。コインロッカー、売店、脱衣所、トイレ、マッサージ室なども揃っ

タイ
ヒンダート
バンコク
カンボジア
プーケット
クラビ空港
クロントム（p.50）

バンコク市内から車で４時間

ている。
温泉は少し濁った緑色で、一番大きな浴槽は40℃以上と熱め。気温と湿度の高いタイでの長湯は難しく、足湯のみを楽しむ人も多い。浴槽の中央部は結構深く、自然の岩底なので段差もある。浴槽の一角に源泉の湧き出し口があり、高温で危険なため柵で囲まれている。見ると無数の気泡が上がっており、足元湧出湯なのがわかる。ほぼ無味無臭だが、源泉近くではかすかな硫黄臭を感じる。目の前の川で温まった体を冷やす人も多いが、川は浅いので安心だ。

オレンジ色の僧衣がかけられた僧侶専用温泉には簡易な壁が設けられている

タイ語と英語による温泉の看板

一番温度の高い露天風呂。タイ人には熱いようで足湯だけの人が多い

*column*

### 戦場にかける橋

バンコクから温泉に向かう途中、クウェー川（クワイ川）鉄橋の近くを通る。旧日本軍が捕虜のイギリス兵士らを動員して建設したもので、映画「戦場にかける橋」で有名だ。鉄橋と温泉を日帰りで訪れるツアーもあるが、かなりの強行日程となる。

ヒンダート温泉（Hindat Hot Springs）※ヒンダーとも表記：タイ カンチャナブリー県（Thai, Kanchanaburi） 入浴施設：ヒンダート温泉 6～22時 https://www.thailandtravel.or.jp/hin-dat-hot-spring/ シーズン：雨季と乾季がはっきりしており、雨の少ない12～3月がベスト

Malaysia

# バンジャラン温泉

## 周囲から隔絶された隠れ家のような宿

クアラルンプール市内から車で北へ２時間半。空港からは３時間半

豪華なヴィラの温泉で
満ち足りた時を過ごす

マレーシアのみならず、東南アジアを代表する温泉リゾートで、クアラルンプールから車で2時間半の北部にある。溶岩台地の浸食で生み出された奇岩や石柱が並ぶさまは耶馬渓（大分県）のよう。源泉池の周囲を石灰質の岩峰がぐるりと囲み、敷地面積はなんと6500平方メートル。落ち着いた雰囲気のロビーに着くと、にこやかなスタッフから丁重な扱いを受け、海外のリゾートに来たという気持ちが高まる。生姜風味のスィーツとウェルカムフルーツを楽しんだのち、送迎用の電動バギーに乗って客室に向かう。

✦ POINT
・自分へのご褒美に温泉つきの客室を
・驚くほど広い園内を探索してみよう

バルコニーから広大な源泉池を眺める

陶器製の大きな壺が並ぶ広大な蓮池に面したロビー棟

温泉リゾートの入り口のサイン

敷地内にはヴィラが点在する

中央の広大な源泉池には残念ながら入浴できない

源泉池の周囲に入浴用の露天浴槽が並ぶ

園内には隠れ湯のような浴槽がいくつかある

ヴィラ内の温泉浴槽（手前）とプール

ヴィラには専用の温泉が備えられており、いつでも裸で入浴できる。ジャグジーつきの温泉浴槽と水のプールがあり、温泉浴槽には、湯、水、温泉の三つの蛇口がある。無色透明、無味無臭の湯だが、誰にも邪魔されずに、好きなだけ温冷交互浴を楽しめるとはまさに極楽だ。

入浴の後は敷地内の散策へ。石灰質の岩山には洞窟がいくつもあり、バーや瞑想用のスペースが設けられている。クリスタルのような輝きを持つ鍾乳石を眺めながら洞窟内の階段を上ると、見晴らしの良いバルコニーに着く。バルコニーからは源泉池と温泉プール、取り巻く山々を一望できる。

源泉池のほうへ向かうと、二本の湯滝があり、流れ落ちた湯が源泉池に注いでいる。45～70℃の湯が源泉池の随所から湧いているというが、残念ながら入浴禁止の標識がある。ただ、池の

ぬるめの温泉プールは
いつも空いていた

洞窟内には通路が張り巡らされていて、探検気分を味わえる

大正時代や第二次世界大戦中の日本人の落書きが洞窟内に残っている

縁にはいくつもの露天風呂が配置されているので、好みの温度の浴槽を探して入浴すればよい。数は十分にあるので、ほかの客と一緒になることはないだろう。湯温は40℃前後と、東南アジアでは珍しく高めの設定。温泉水を引いたぬるめのプールや温泉の蒸気を活用した洞窟もあり、飽きることはない。

周囲と隔絶された空間で、美しい景観と温泉を楽しめる貴重な温泉リゾート。60年ほど前に開業した素朴な温泉施設を買い取って、今のリゾートが開業したのは2010年とのこと。だが、1913（大正2）年に温泉開発を始めたのは日本人で、第二次世界大戦中は日本兵の療養に温泉が活用されていた。源泉池を見下ろす岩山の洞窟の壁には氏名や日付が落書きのように残っている。日本人としては、ちょっと感傷的になってしまうが、すばらしいリゾートでの滞在を楽しみたい。

*column*

### 絶品のマレーシア料理を客室で

ルームサービスも充実し、日本人の口に合うマレーシア料理を客室で楽しめる。写真は海南風のチキンライスとサテ（甘辛いピーナッツソースを絡めて食べる串焼き）。

バンジャラン温泉（Banjalan Hot Springs）：マレーシア ペラ州イポー（Malaysia, Perak, Ipoh）　宿泊：バンジャラン・ホットスプリングス・リトリート（Banjaran Hotsprings Retreat）　https://www.sunwayhotels.com/the-banjaran　シーズン：マレーシアは地域ごとに乾季が異なるが、西海岸は概ね10～4月が適期

グルドワラで有名な川沿いの露天温泉は男性専用

✦ POINT
・インドの山奥で温泉のパワーを実感したい
・複数の宗教施設が共存する納得の温泉

India

# マニカラン温泉

## 水晶の名産地はインド屈指の温泉郷

### 渓谷沿いに開けた大温泉郷

インド北部のヒマーチャルプラディシュ州。水晶（ヒマラヤンクリスタル）の産地として知られるパールヴァティー渓谷には80℃を超える高温の湯が湧いている。道中は舗装されているが、最後の5キロは大きな岩が道路にせり出していて、対向車とのすれ違いができないほど。

マニカランは標高1760メートルの山間に開けたインドで最も有名な温泉。川の両側に宿や寺院がずらりと並び、随所で湯気が上がっている。シーク教の大寺院（グルドワラ）を中心としたエリアが有名なため、マニカランの下流側（西側）はグルドワラ温泉と呼ばれることがある。グルドワラでは、食事や温泉の利用が無料。信徒でなくても大広間に座れば食事が提供される。もちろんカレーだ。

複雑な構造の建物内には男女別の内風呂や温泉の蒸気を利用したサウナ室があるが、川沿いの大きな露天プールがグルドワ

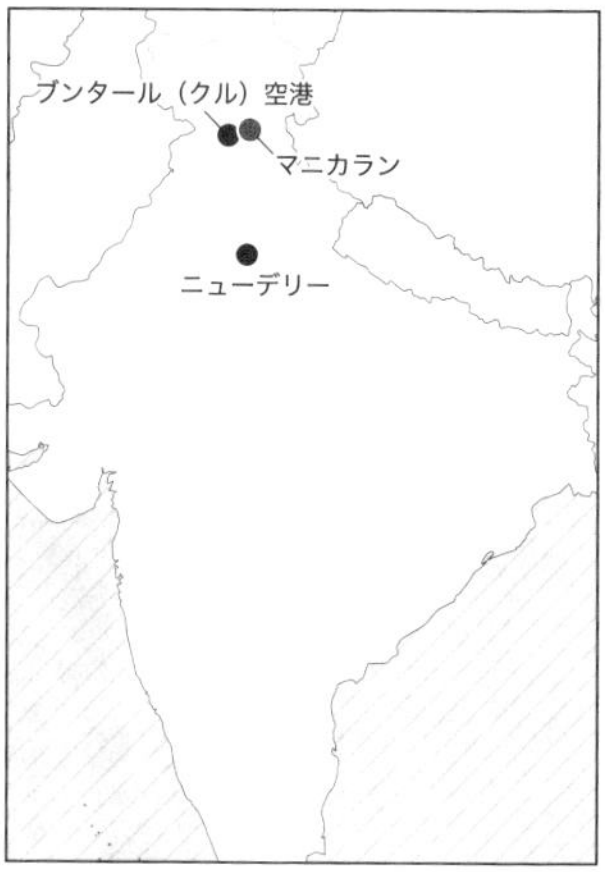


首都ニューデリーから国内線で１時間20分のブンタール（クル）空港から車で１時間半

❶急峻な川沿いに発達した山のいで湯　❷マニカランまではこのような道路が続く　❸インドの田舎には神聖な「野良牛」が多い

建て増しを重ねた高層の建物が軒を連ねる

グルドワラでは無料の食事が提供される

ラのシンボル。巨大な長方形のプールは少し濁った緑色。120センチの深さで、「泳ぐな」という注意書きがあるが、若者はみな泳いでいた。湯温はちょうどいい。このプールは男性専用で、女性用の浴室は壁の内側にあるので外は見えない。

上流側の左手にあるのがヒンドゥー教のシヴァ神を祀る寺院。マニカランのシンボルともいえる尖塔が本殿だ。脇に立つシヴァ神の彫像の下に源泉槽がある。猛烈な勢いで湧き立つ湯の中に、たくさんの釜が置かれている。米を入れた大きな釜に温泉を直接注ぎ、源泉槽で40分炊くとおいしいご飯ができあがるという。グルドワラでも温泉で炊いた白飯が提供されていた。

ここは源泉地帯の直上で、靴を脱げば足元は床暖房のように温かい。場所によっては熱く感じるほどだ。尖塔の周辺の壁面はオレンジ色の析出物で覆われ、夏でも猛烈な蒸気が立ち上っている。さらに上流側には個室風呂やゲストハウスが並ぶ通りと、

シヴァ神像の建つ塔の周囲は夏でも蒸気が立ち込め、析出物が壁面と川原を覆っている

ラマ教（チベット仏教）の寺院や共同浴場がある。

グルドワラ（シーク教）、シヴァ神寺院、ゲストハウスとラマ寺院の区別を頭に入れておくと、マニカランの町は歩きやすい。このあたりには安宿しかないため、外国人は5キロ戻ったカソールに宿をとることが多いが、ディープな旅が好きな人には、個室風呂を備えたゲストハウスをおすすめする。

❶高温の源泉槽の上に立つ勇ましいシヴァ神像　❷白米に温泉を注ぎ温泉で蒸してご飯を炊く　❸貸切りで利用するゲストハウスの内風呂。思ったよりきれいだ　❹シヴァ神像前の開放的な露天風呂は男性用

*column*

**インドでモモを食べる**

チベットやネパールの蒸し餃子モモは、北インドでも人気。スパイスの風味が加わっているが、日本人にはなじみの味。連日のカレーに飽きた胃が喜ぶ声が聞こえるようだ。

マニカラン温泉（Manikaran Hot Springs）：インド ヒマーチャルプラディーシュ州（India, Himachal Pradesh）　入浴施設：グルドワラ（Manikaran Sahib Gurdwara）24時間可、シヴァ神寺院（Shiva Temple Hot Spring）4～23時　シーズン：冬は寒く、夏は雨季。4～6月と9～11月がよい

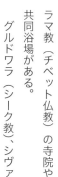

# マイン温泉

## 聖書にも登場する歴史ある湯滝

上段の浴槽では猛烈な湯滝をミストシャワーのように浴びる

### 浴びれる湯滝としては世界屈指のレベル

マイン温泉（ハママトマイン）は落差25メートルの湯滝。ヨルダンで最も有名な温泉だ。塩分が多く含まれ、身体が浮いてしまうことで有名な死海から東へ約18キロ。荒涼とした山肌が続く道を進むと、眼下にホテルが見えて、強い硫黄臭が漂ってくる。

ホテルの玄関前には海抜マイナス260メートルの表示が。地上で最も低い場所と言われる死海の湖面はマイナス400メートル超。水が流れる出口がないため、塩分濃度が増すという。死海からずいぶんと坂を上ってきたが、それでも海面下なのに驚く。

湯滝の源泉温度は45～60℃だが、流れ落ちる際に湯温が下がるため、それほど熱くはない。滝下

✦ POINT
- 死海観光のついでに立ち寄りたい
- イスラム圏ながら男女一緒に入浴できる

の浴槽は2段に分かれており、上側は滝そのものを浴びる迫力の打たせ湯。あふれた湯が下側の浴槽に注ぎ、浴槽の壁面は析出物で覆われている。多くの女性が壁に寄り掛かって打たせ湯を楽しんでいた。滝は古代パレスチナのヘロデ大王（紀元前1世紀）が滞在したという由緒ある湯治場で、聖書にも登場する。

湯滝は隣接するホテルの管理下にあるが、日帰り客にも開放されている。ホテルの豪華なスパ棟には人工の湯滝と露天風呂がある。

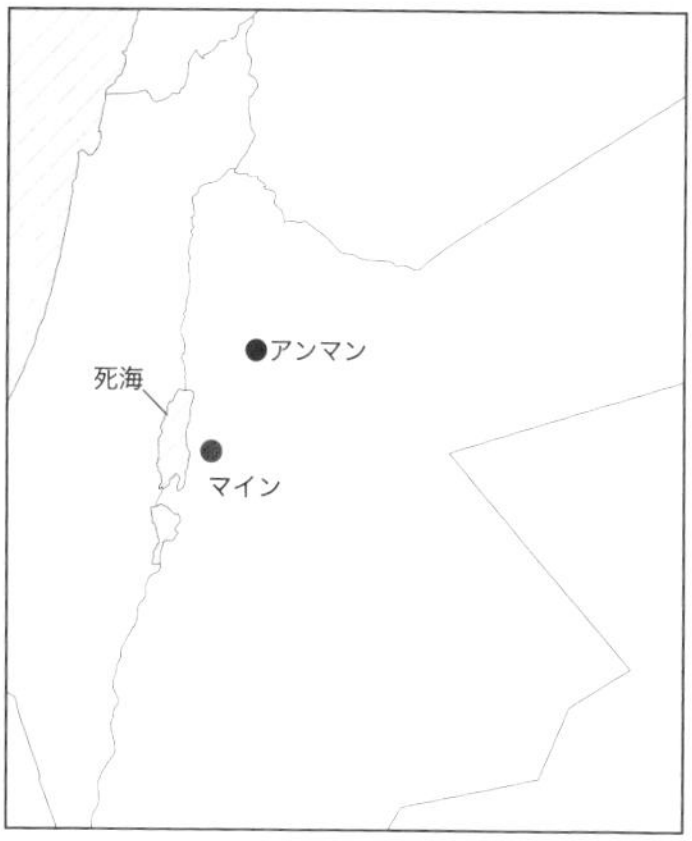

首都アンマンから車で1時間。死海から20分

滝の裏の洞窟内から湧く温泉は表面を覆う藻で緑色に輝いている

イスラム式の装束のまま、下段のぬるめ浴槽に浸かる女性たち

*column*

### 死海だって立派な温泉だ

日本の温泉法では25℃未満でも一定量のミネラルが含まれれば温泉と定義している。それならば塩分が超濃厚な死海も間違いなく温泉だ。誰もが最初は恐る恐る海に入るが、すぐに身体が浮かんでしまうのを楽しんでいる。

マイン温泉（Ma'in Hot Springs／＝Hamamat Ma'in）：ヨルダン マダバ県（Jordan, Madaba）　宿泊＆入浴：マイン・ホットスプリングス・リゾート＆スパ（Ma'in Hot Spring Resort & Spa）9～21時　http://www.mainhotsprings.jo/IndexEn.aspx　シーズン：5～10月。砂漠気候だが冬は気温が下がり、雨の日もある

✦ POINT
- お金持ちになった気分を味わえる
- ぜいを尽くした「白」の空間は夢の世界のよう

Turkey

# チェキルゲ温泉

## オスマン帝国に思いをはせる究極の大理石風呂

歴史の重みを感じる崇高なトルコ式浴場

イスタンブールの南東、マルマラ海の南に位置するブルサは世界遺産に登録されている古都。紀元前202年にマケドニア王によって命名された町で、14世紀にはオスマン帝国の初代首都となった。このため、歴代君主（スルタン）の霊廟や豪華なモスクが残っている。

町の西外れにあるのがチェキルゲ温泉。ブルサ温泉と紹介されることもある。ホテルや入浴施設は数多くあるが、「エスキ(古)カプルジャ」と「イェニ（新）カプルジャ」の二つが有名だ。

エスキカプルジャの歴史はビザンツ帝国（東ローマ帝国）の6世紀まで遡ることができる。14世紀末にオスマン帝国の君主ムラト1世が改めて温泉浴場を整備し、16世紀に改修されたという歴史ある温泉だ。現在は隣接するケルバンサライテルマルホテルの付随施設となっているが、宿泊者

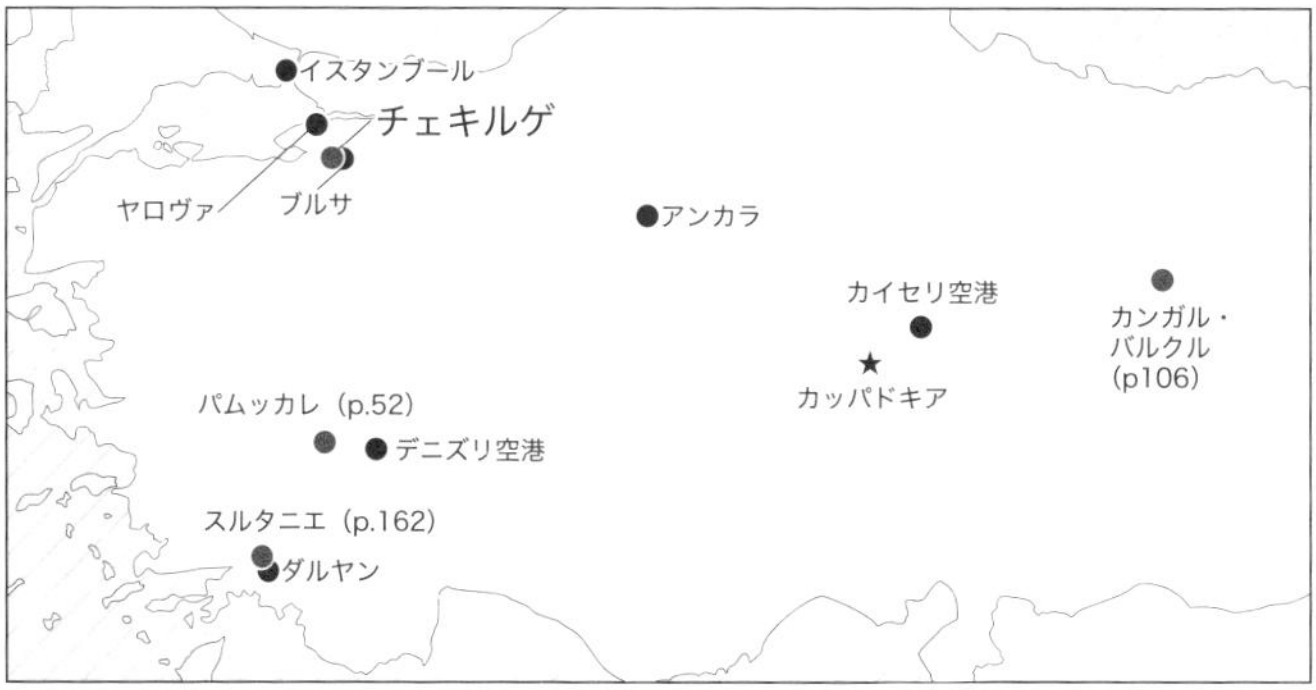


イスタンブールからブルサまでバスで 2 〜 3 時間。イスタンブールからヤロヴァまで船で 1 時間 20 分。ヤロヴァからブルサはバスで 1 時間。ブルサ市内は地下鉄スラメシェラシュ駅（Sıramaşeler）より徒歩 15 分

洗い場も荘厳な雰囲気

洗面器代わりの大理石製の盆に真鍮製の椀が浮かぶ

垢すり・マッサージ用の台

以外も入浴可能。マッサージや垢すりは有料だが、温泉（ハマム）だけなら宿泊客は無料で利用できる。浴場棟に入ると、正面に高い丸天井のロビーがあり、アンティークなシャンデリアやモザイクタイルの壁面が美しい。

浴室は3室に分かれていて、いずれも神々しい雰囲気。正面の部屋は洗い場で、真っ白い大理石製。中央に長方形の噴水浴槽があるが、これも温泉だ。周囲には8か所の洗い場があり、真鍮製の蛇口をひねるとお湯と水が出る。

洗い場の奥の部屋には大きな円形浴槽が一つ。無色透明だが青味を帯びて見える。湯温は40℃前後。深さは1・4メートルほどあるが、段が設けられているので、腰掛けて入浴できる。壁や床は白の大理石一色。トルコ温泉の美風を感じる。洗い場の右手の部屋は垢すり用だ。

浴後は係員が2枚のバスタオルで肩

❶伝統的なトルコ式の浴室は丸天井を備えている　❷ホテルのエントランスは近代的な造り　❸ハマムのロビーは歴史を感じさせる造り　❹ハマムは外来利用も可能で、専用の入り口がある

と頭を覆ってくれる。温泉で温まった体を保温して休息するのだ。確かにぽかぽかと温まる。ちなみに、もう一つのイェニカプルジャは「新」といっても16世紀末の建造。日帰り客にはこちらの方が人気だが、三つの浴場のうち二つは男性用。女性用は一つだけなので注意したい。

当時の浴場施設を取り込んだホテルの外観

中庭にはごく一般的な真水のプールもある

*column*

**フェリーからの眺めは最高**

イスタンブールからブルサまでは、2016 年に開通したオスマン・ガーズィ橋を経由するルートが一般的。2 時間程度だが、渋滞すると時間が読めない。片道（特に復路）はヤロヴァからイスタンブールまでのフェリーを利用するのもよい。歴史的な街並みを船の上から堪能できる。ちなみにヤロヴァも温泉町だ。

チェキルゲ温泉（Çekirge Kaplıcaları）：トルコ ブルサ市（Turkey, Bursa） 宿泊＆入浴：ケルバンサライテルマルホテル（Kervansaray Termal Hotel）、エスキ・カプルジャ（Eski Kaplica） 7～22時 https://kervansaraytermal.com.tr/en/kervansaray-thermal-hotel/ シーズン：5～9月がおすすめ。冬は寒く曇りの日が多い

Turkey

# カンガル・バルクル温泉

## 知る人ぞ知る小魚療養温泉

✦ POINT
- 温泉好きなら訪ねてみたい究極の風変わり温泉
- 自然の環境なので小魚もイキイキ

### 皮膚をついばむ小魚温泉の「元祖」

トルコ中央部のシワス県に唯一無二の温泉がある。35℃前後のぬるめの湯に棲む小魚を利用した療養温泉は世界的に有名だ。体長5センチほどの小魚は人の肌の角質をついばむ習性があり、皮膚病の治療に効くといわれる。同じ系統の小魚は世界各地に棲み、日本でも養殖に成功。今では国内の温泉や健康ランドで体験できるが、ここは、そんな小魚療養の元祖的な存在。本格的な療養施設が整備されている。

カンガルの町を過ぎると、両側に山が迫る渓谷沿いの細道が続き、秘湯感が高まる。5キロ走った行き止まりに温泉があった。園内は広く、右手に宿泊棟、その前に小魚が棲む小川が流れている。足湯のための降り口が設けられているので、早速体験してみた。足を入れるとあっという間に魚が群がってくる。つつかれる感じはくすぐったいというより、痛いほどだ。

川を挟んでホテルの反対側には男女別の

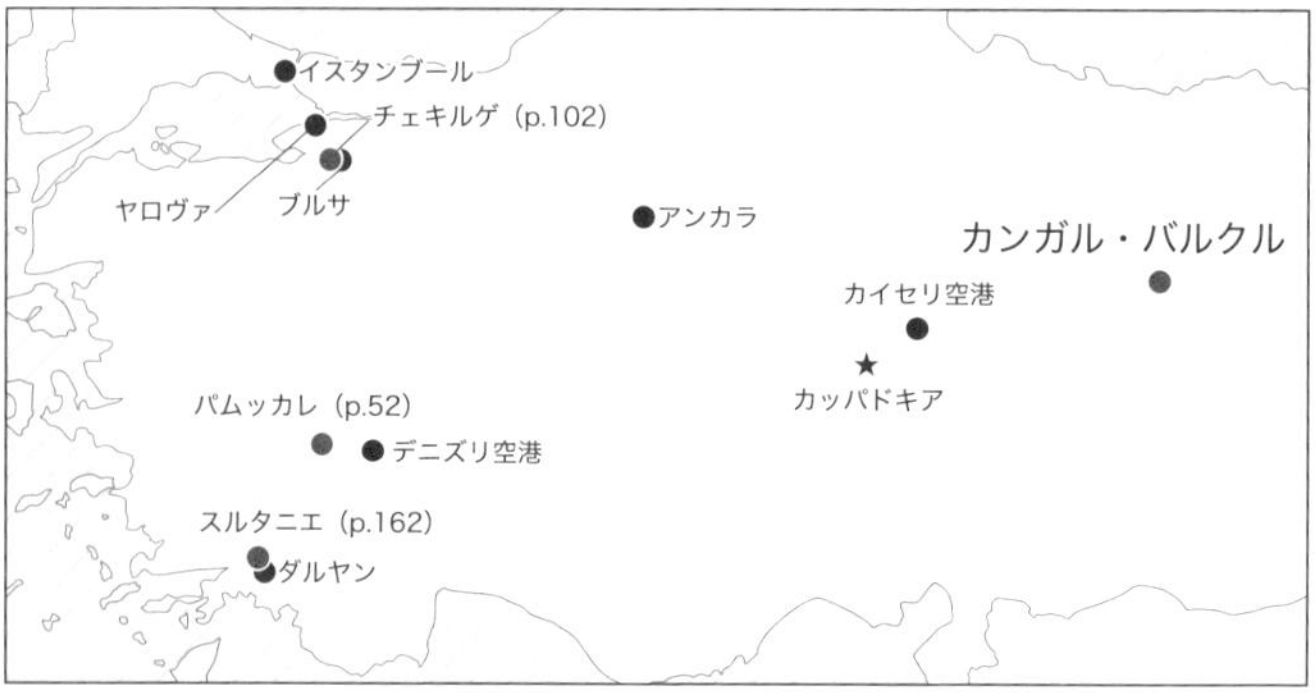


イスタンブール空港から 1 時間 20 分のカイセリ空港から車で東へ 4 時間

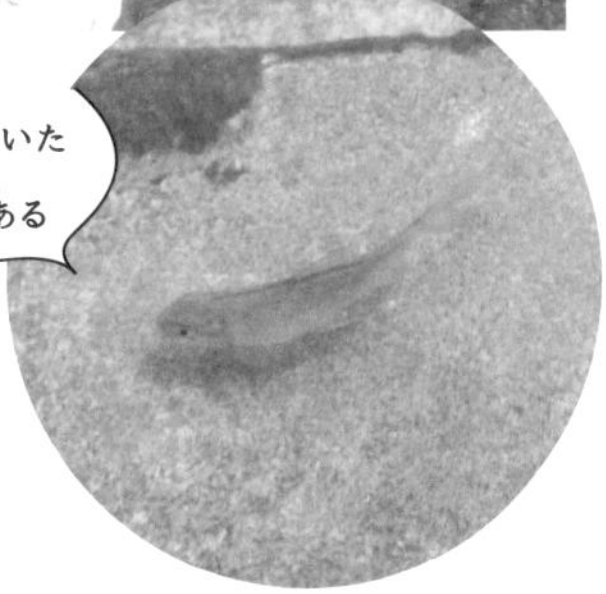
小魚は思っていた以上に大きく、5センチほどある

日帰り客も利用できる温泉プール。ここにもたくさんの小魚がいる。浸かるとあっという間に多くの魚が皮膚をついばむ

屋外プールがあった。浸かってみると、体温と同じくらい（35〜36℃）なので、夏場以外の入浴は厳しいだろう。じっとしている間もなく魚が寄ってきて身体中を覆われる。湯が循環していない狭い足湯だと衛生的に不安との声もあるが、ここは十分に広く、その心配はないだろう。

小石を底に敷き詰めた療養浴室。日帰りでの利用はできない

*column*

**カイセリは
カッパドキア観光の拠点**

独特な奇岩が立ち並ぶ光景は、別の星に来たようで人気がある。個人旅行の場合、カイセリ空港はカッパドキア観光の起点ともなる。

カンガル・バルクル温泉（Kangal Balıklı Kaplıca／= Kangal Fish Hot Spring）：トルコ シワス県（Turkey, Sivas） 宿泊＆入浴：カンガル・バルクル・カプルジャ（Kangal Balıklı Kaplıca）8〜12時と14〜18時
https://www.kangalbaliklikaplicasi.com.tr/en/index.php シーズン：5〜10月。ただし真夏はかなり暑い

✦ POINT

・硫黄のニオイが漂う温泉街の散策が楽しい
・外国人にも人気で夏は順番待ちとなる

トビリシ空港から車で20分

Georgia

# トビリシ温泉

## 首都の一角を占める独特な景観の温泉街

### 東西の歴史が交錯する古都に湧く濃厚温泉

ヨーロッパの東端コーカサス地方に位置するジョージア（旧表記グルジア）は、独自の文字と長い歴史を有する国。ワインや料理もおいしく、知る人ぞ知る人気の旅行先だ。魅力的な温泉が多いが、首都トビリシにも効能の確かな温泉が湧いている。そもそもトビリシとはジョージア語で「温かい場所」の意味。町の名前そのものが温泉に由来するのだ。

トビリシ旧市街に残る温泉街には独特な形状の丸天井が並ぶ。かつて支配を受けたオスマン帝国の影響だが、今では東洋と西洋が融合した不思議な景観を生み出している。アバノトゥバニ（硫黄温泉）と名づけられた一帯には公共浴場や個室風呂を備えた入浴施設が軒を連ねる。どの施設も源泉かけ流し。男女別に裸で入浴する公衆浴場と個室風呂がある。浴室の写真を撮りたくて個室風呂を探したが、夏の金曜の夕方とあって外国人客でどこも大混雑。アバノ5という施設でようやく空き部屋を見つけた。

გოგირდის აბანო
SULPHUR BATH

❶浴場の一つ「アバノ5」の入口　❷空いていたのは広めの個室。温泉と冷泉浴槽があり、それぞれ3名は入浴できる　❸温泉街を示す看板。ジョージア文字と英語で表記されている

近くのホテルから温泉街を見下ろす

浴室には浴槽が二つ。手前は湧水を利用した水風呂で、奥が温泉浴槽だ。かけ流しの湯が放つ硫黄臭が浴室に充ち、深さも十分でゆっくりと体を沈められる。これだけの広い温泉を貸切り利用できて、温冷交互浴を楽しめるのはありがたい。この国が歩んできた歴史の一端に触れられるすばらしい温泉だ。

*column*

### 知られざる温泉大国を訪ねよう

ジョージアでは全土にわたって温泉が湧いている。濁り湯、噴泉、炭酸泉など泉質が多彩で、温泉好きをうならせる。写真はあまりにも美しい野湯のヴァニ温泉で、前著で詳しく紹介した。海外の温泉巡りの候補国にジョージアをぜひ加えてほしい。

トビリシ温泉（Tbilisi Sulphur Baths／＝アバノトゥバニ Abanotubani）：ジョージア トビリシ市（Georgia, Tbilisi）　♨ 入浴施設：クレリ・アバノ（Chreli-Abano／＝Sulfur Bath）9～23時　https://chreli-abano.ge、アバノ5（Abano No.5／＝Sulphur Bathhouse No.5）7～21時ほか　シーズン：4～10月だが、夏はかなり暑い

✦ POINT
・豪快な湯滝だけでなく光きらめく源泉池も訪ねよう
・見学者が絶えないのがちょっと困りもの

Greece

## テルモピュライ温泉

### 2500年前の古戦場は有名な温泉地

古代史好きにはたまらない別格の温泉地

首都のアテネから北上し、車で2時間のテルモピュライ。世界史の授業で習った「テルモピレーの戦い」のあった場所だ。山と海に挟まれた細長く狭い地形。南下するペルシャ軍を食い止めるのに最適だった。

紀元前480年8月、ペルシャ軍の大軍勢をわずかな兵力で迎え撃ったギリシャ軍の将はスパルタ王のレオニダス。奮戦したものの圧倒的な兵力差でギリシャ軍は敗れたが、翌月のサラミスの海戦で勝利した。記念公園のレオニダス像の前で、遠足の小学生が先生の話を聞いていた。

テルモピュライは日本語に訳せば、「熱の門」。公園内にはすでに硫黄臭が漂っている。目指す湯滝から流れてきた温泉が脇の水路

山肌が迫るテルモピュライの地形。今は海が後退したが、かつては細い道だった

滝の下流には柵があり、流れも緩やかになる

源泉が湧き出す池の付近まで来ると、観光客はまずいない

池からあふれた湯は小川となって滝に向かう

アテネ空港から車で 2 時間 20 分

を流れているのだ。水路をさかのぼる方向に進むと、行き止まりに巨大な湯滝が見える。公園とは比較にならない猛烈な硫黄臭が襲ってくる。

川床は温泉の成分や藻で黄色と緑色に変色している。右手の奥にコンクリート製の小屋があるが、かつての共同浴場跡で、今は利用されていないという。滝の勢いが強いので、気をつけないと一気に流されてしまう。斜面は藻や温泉成分のために滑りやすい。下流側に柵があり、流されてもそこ

スパルタ王レオニダスの像の前で記念写真を撮る小学生たち

温泉の案内標識。最上段の「ルトラΛουτρά」というギリシャ文字は温泉の意味

滝の見学に来た子どもたちが温泉を楽しむ女性を興味深げに眺めていた

常連客は猛烈な勢いの入浴スポットを知っている

で止まるが、ケガには注意したい。

約35℃のぬるめの湯なので、長湯に向くが一つだけ問題がある。レオニダス像の後で、湯滝を見学するのが定番の観光コースなのだ。このため見学者が多く、中には写真を撮る人もいるので落ち着かない。ゆっくりと入浴したければ早朝か夕方以降しかない。

迫力のある滝だが、実は天然ものではなく、５００メートル先の源泉池から山肌の樋を伝って、ここで落下しているのだ。滝の上流の源泉池は澄んでいて美しく、陽光を受けて輝く湯面には微小な湯の華が漂っている。硫黄臭は湯滝ほど強烈ではない。湯滝では温泉が斜面で砕け散るため、ニオイが一層強烈なのだろう。池から流れ出た温泉の川でも入浴を楽しめる。

*column*

## アテネから日帰りでハシゴ湯を満喫

一帯には温泉が多く、5キロ西のダマスタ（左）、アテネ方面へ25キロ戻ったカメナブーラの郊外（右）などに素朴な浴場がある。アテネで車をチャーターすれば、日帰りでこれらの温泉を巡るハシゴ湯が可能だ。

テルモピュライ温泉（Thermopylae Hot Springs ／＝ Loutra Thermopilon）：ギリシャ 中央ギリシャ地方（Greece, Central Greece） ♨ 野湯、入浴自由 シーズン：5～10月（7～8月はかなり暑い）

世界の温泉、ところ変われば②

# 温泉は飲む野菜

日本で「温泉に行ってきた」と聞けば、誰もが「入浴してきた」と同じ意味に受け取る。一方、ヨーロッパには「飲むだけの温泉地」が珍しくない。ミネラル豊富な温泉は「飲む野菜」に例えられるほどで、飲泉専用の美しい施設を備えた温泉地も多い。もともとバスタブを使わず、シャワーだけという国も多いので、入浴施設がなくても気にならないようだ。温泉に浸かりたい日本人には少し寂しい感じもするが、郷に入っては郷に従えの気持ちで楽しめば、新しい発見がある。

カルロヴィ・ヴァリ温泉（チェコ）ではコロナーダと呼ばれる飲泉所が街中に点在している

独特な形状の飲泉カップを手にコロナーダを次々と訪ねる旅行者・療養客が多い

マリアンスケー・ラーズニェ温泉（チェコ）には自分のカップをキープできる飲泉所がある

グロッタ・ジュスティ（p.26）近くのモンティカティーニ・テルメ（イタリア）は飲泉主体の代表的な温泉。列柱廊を備えた豪壮な飲泉施設テットゥッチョは温泉街のシンボル

# 第3章

# 大自然と調和した
# 極上の絶景温泉

**♥こんな人におすすめ**

- 東南アジアの文化や雰囲気が好き
- せっかくならリゾートでのんびりしたい
- 滞在中に何も予定のない日がある

# Bali

バリ島
（インドネシア）

## 多彩な泉質を楽しめる「祈りの島」

リゾートアイランドとして知られるバリ島だが、単なるビーチリゾートではなく、農耕や信仰に関わる文化的な名所の多い島だ。インドネシア火山帯に位置するため、火山性の濃厚な温泉が多く、島には10か所以上の温泉・冷泉が湧いている。しかも泉質や景観が多彩で、印象深い温泉ばかり。数あるアジアンリゾートの中で、温泉巡りを考えるならばバリは最有力の島。滞在中の一日を利用して楽しんでみよう。

ジャティルウィの棚田。平地の少ない島の中・北部では棚田を活用した米作が盛ん

村人を守る聖なる獅子バロン。観光客に踊りや祭祀を紹介するイベントもある

ティルタ・ウンプル寺院での沐浴。「祈りの島」「神々の住む島」と言われるほど、バリは信仰との結びつきが強い

イエッサニ冷泉（p.119）
●温泉
●主な都市
バニュウェダン（p.120）
バンジャール・テガ（p.118）
トヤ・ブンカ（p.124）
ブルラン（p.122）
テガラランン
★
ウブド
ペナタハン（p.123）

## アクセス

日本からバリ島・デンパサール空港への直行便はガルーダインドネシア航空のみで、約7時間半のフライト。日本航空や全日空利用の場合はジャカルタで乗り継ぐのが一般的。バリの温泉を巡るには車が必要になるが、観光の島だけあって専用車を手配しやすい。日本で事前に予約しておけば安心だが、現地のホテルでも手配できる。

## 旅のポイント

クタやヌサドゥアなど、島の南部のビーチリゾートがバリ観光の中心地。熱帯雨林や棚田など、自然を満喫したい人にはクタから北へ30キロのウブドが人気だ。温泉は島の中部から北部に点在しているので、温泉巡りだけを考えるなら、ウブドに宿泊した方が便利。

## ベストシーズン

乾季は4～10月。中でも6～9月は天候が安定している。

ガムランの演奏とともに、元は宮廷舞踊だったレゴンダンスを楽しむツアーにも参加してみたい

✦ POINT

・ミルキーグリーンの濁り湯に癒される
・バリならではのパンチュランを体験！

Indonesia

# バンジャール・テガ温泉

## バリ島の雰囲気にマッチした山の湯

### ぬるめの打たせ湯を楽しむ人が絶えない

バリはヒンドゥー教が主流の島だが、この温泉は島の中でも数少ない仏教系のバンジャール・テガ寺院の近くに湧いている。湧出口は38℃で、若干の硫黄臭を感じるが、大きなプールは30℃前後とぬるめ。きれいな黄緑色の濁り湯が印象的だが、熱い湯を好まないバリの人々には温泉というより、沐浴場とみなされているようだ。観光客は水着で入浴しているが、地元の人たちはTシャツに短パンなどの普段着が大半。朝夕は特に沐浴客が多いという。

メインの温泉プールは一辺が10メートル以上あり、１００人が入浴しても足りるほどの大きさ。深さは場所によって異なり、深いところでは2メートルもある。メインのプールの上段には、凝った意匠で龍頭のような湯口が八つ並ぶ細長いプールがある。

インドネシアでは打たせ湯のように注ぐ湯口が人気で、パンチュランと呼ばれる。

地元の人々は頭や肩で一心にパンチュランの湯を受けている。せっかくバリに来たのであれば、ぜひ一緒に体験してみよう。入り口側にも別の打たせ湯浴槽があり、高さ約5メートルから3本の湯が注いでいる。

南部から片道3時間と少し遠いが、バリらしい温泉としておすすめしたい。

❶龍に見える湯口は伝説上の動物ナガをかたどったもの。入れ替わり大勢の人がパンチュランを楽しんでいた　❷打たせ湯はインドネシアで人気。利用客の中には外国人も多い　❸パンチュランは上下２列並んでいる

*column*

### 海沿いの天然冷泉プール

バリには温泉だけでなく冷泉も湧いている。時間があれば、バンジャールから東へ35キロの海沿いに湧くイエッサニで冷泉浴を楽しんでみよう。広くて冷たくて清潔で、暑い日には本当に気持ちいい。

バンジャール・テガ温泉（Air Panas Banjar Tegaha）※単にバンジャール温泉と呼ぶことも：インドネシア バリ州ブレレン県（Indonesia, Bali, Buleleng）　アクセス：ウブドから車で２時間40分、クタから３時間10分　入浴施設：バンジャール・テガ温泉（Pemandian Air Panas Banjar）８時半～17時半、イエッサニ冷泉（Air Sanih Natural Pool／Yeh Sanih Spring 表記もあり）

Indonesia

# バニュウェダン温泉

バリでは珍しい本格リゾート温泉

✦ POINT
- 離れのヴィラで
かけ流し温泉を独り占め
- バリで唯一の
オーシャンビュー温泉

## 部屋にいながら
## 濃厚な硫黄泉を楽しめる

　バリ島南部の喧騒を離れ、静かなリゾートでの滞在を楽しむのに最適な温泉。ここでは、バニュウェダン温泉の一軒宿、ミンピリゾート・ムンジャンガンを紹介する。ミンピは夢という意味だそうだ。離れのヴィラにある客室露天風呂は、共同の温泉プールより成分が濃厚なので、予算が許せばヴィラへの宿泊がおすすめ。客室の露天風呂はかけ流しの湯で41℃。南国にしては熱めだが気持ちがいい。湯口からははっきりとした硫黄臭を感じる。この温泉を独占でき、いつでも浸かれるのだからわざわざ来た甲斐がある。居室は中央にダブルベッドがあるだけのシンプルな造りだが、水回りも清潔で居心地がいい。

　園内を奥に進むと、湾に沿って温泉プール、水のプール、レストランと続いている。温泉は三つの円形プールで、客室露天のような硫黄臭は感じにくい。ただ、オーシャ

リゾートの入り口はアジアンテイストで彩りが美しい

広大な敷地内には戸建てのヴィラが並んでいる

ヴィラの客室露天風呂。屋根つきなので雨天でも安心だ

客室露天風呂（右）と客室（左）は庭園で結ばれている

ンビューの景色を楽しみながらの入浴は最高だ。ビーチ沿いのレストランもすばらしく、満潮時には海上に浮かぶように見える。

宿の近くには素朴な公衆浴場もある。地元の人たちが入浴やシャワーに利用したり、無料の源泉を汲んだりしていた。

*column*

**アジアンリゾートを**
**象徴するプルメリア**

アジア・太平洋エリアのリゾートで人気の庭木で、甘い香りが特徴的。バリ島でもウエルカムフラワーとしてよく用いられている。

バニュウェダン温泉（Air Panas Banyuwedang）：インドネシア バリ州ブレレン県（Indonesia, Bali, Buleleng） アクセス：ウブド、クタから車で４時間 宿泊：ミンピリゾート・ムンジャンガン（Mimpi Resort Menjangan）近くに公衆浴場あり https://mimpi.com/en/resort/boutique/bali/menjangan/

✦ POINT
- 一度見たら忘れられないとびきりの析出物
- 棚田の風景に癒されながら浸かりたい

デンパサールから来たおじさんたちと同浴になった

Indonesia

# ブルラン温泉

**バリ島でもっともパンチの効いたローカル温泉**

**効き目に惚れて通い続ける人が多い**

　ブルランはバリ島のほかの温泉と違い、析出物が印象的。鉄分の赤と藻類の緑が織りなす造形が美しい。島の中部、ブルラン村の外れにあり、緩やかな下り坂を進むと、バリ風の小さな門がある。ここが温泉の入口だ。その先にはゴーグルのような形の露天風呂が。黄緑色の濁り湯で、あたり一面の棚田を眺めながら入浴できる。これはこれですばらしいのだが、メインはまだ先にある。

　この温泉に行きたいと思ったのは析出物が見事な打たせ湯があるためだ。打たせ湯は二区画に分かれていて、壁の左手に三本、右手に四本あり、一本は浴槽に直接注いでいる。はっきりとした金気臭と鉄系の味を感じる濃厚な湯だ。

　源泉は隣の寺院の庭にあるが、温泉そのものが信仰の対象となっているようだ。祠のすぐ脇から60℃の湯が湧いている。池から溝を伝って温泉は打たせ湯につながっているが、パイプもなく土を掘った溝があるだけ。雨季には湯温が下がってしまうという。同浴した男性に聞くと、「この温泉は一番効き目があり、身体の痛みがとれる。最初に打たせ湯を十分に体験してから、浴槽に入るといい」との話だった。

周辺は棚田が広がるのどかな風景

祠の左手に見える円形の井戸から温泉が自噴している

大きくてぬるい露天の温泉プールを併設している

*column*

### 「老舗」のペナタハン温泉

バリ島で温泉（イエパナス）といえば、ここを指すほど古くから営業している。ブルラン温泉の南に位置し、アクセスしやすいので、ハシゴ湯を楽しみたい。写真はグループ単位で貸切できるジャグジーつきの露天風呂。

ブルラン温泉（Air Panas Belulang）：インドネシア バリ州タバナン県（Indonesia, Bali,Tabanan） アクセス：ウブドから1時間半、クタから2時間 入浴施設：ブルラン温泉（Air Panas Belulang）24時間可、ペナタハン温泉（Air Panas Panatahan ／ Yeh Panes とも）7 ～ 20時

# トヤ・ブンカ温泉

## バトゥール湖畔は温泉の集中地帯

**お好みで施設を選べるのはここだけ**

　北東部の避暑地キンタマーニ高原。サンスクリット語の「如意宝珠」「如意棒」に由来する地名だが、日本では声に出して読みにくい珍名として知られる。標高1500メートルの高地で、常夏のバリでも涼しい。麓には三日月型のカルデラ湖、バトゥール湖があり、湖畔のトヤ・ブンカ地区には、リゾートホテルから素朴な露天風呂までいくつもの温泉施設が点在している。ほかのエリアと異なり、無色透明、無味無臭のマイルドな温泉だ。

　バトゥール天然温泉はまさにレイクビューの露天温泉で、湖と一体化したような気分での入浴を満喫できる。トヤ・デバシャ温泉は高級感あふれる大型施設。スライダーつきのプールなどを備えていて、家族連れに人気がある。少し離れた場所には、地元の人たちが共同浴場のように利用するシンプルな露天風呂や、さらにローカルな集荷場脇の露天風呂もある。

　バトゥール湖を一望できる高台には、ビュッフェ形式のレストランが並んでいる。ここで食事をとりながらバリの一日を温泉巡りに費やすのもよい。

**✦ POINT**

- バリの避暑地でまったり過ごすのも◎
- 色やニオイの強烈な温泉は苦手な人に

バトゥール天然温泉の大きな露天風呂

❶❷トヤ・デバシャ温泉は多様な浴槽・プールを備えており、利用者の大半は外国人　❸地元の人たち向けの共同浴場。シンプルだが湯の質は悪くない　❹野菜や穀物の集荷場脇の露天風呂では、少年がポーズをとってくれた。作物を洗うのに使われることもあり、浴槽の一部は藻で覆われているが、勇気さえあれば部外者でも入浴できる

*column*

**世界遺産の棚田**

島の南部からバトゥール湖に向かう途中にテガラランの棚田がある。水を行きわたらせる灌漑施設などを含めて世界文化遺産に登録されている

トヤ・ブンカ温泉（Air Panas Toya Bungkah）：インドネシア バリ州バンリ県（Indonesia, Bali, Bangli）
アクセス：ウブドから1時間半、クタから2時間半　♨ 入浴施設：バトゥール・ナチュラル・ホットスプリングス（Batur Natural Hot Springs）7～19時　https://baturhotspring.com/　♨ 入浴施設：トヤ・デバシャ・ホットスプリングス・ウォーターパーク（Toya Devasya Hot Springs Water Park）8～18時　https://toyadevasya.com/

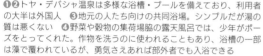

# New Zealand《ニュージーランド》

## 南半球屈指の「温泉探検街道」

ニュージーランドは日本と同じく環太平洋火山帯上の島国。温泉は北島に多く、中でもロトルアとその周辺に集中している。ロトルアを縦貫する国道５号線の別名は「温泉探検街道」。世界中の温泉マニアにとって憧れのエリアだ。ここではロトルアと周辺のイチオシの温泉を紹介する。

**❤こんな人におすすめ**

- 日本の冬に温かい場所に行きたい
- 湯巡りや野湯を目当てに海外に行きたい
- 絶景のドライブを楽しみたい

ニュージーランド最大級のテ・プイアの間欠泉（旧名：ポフツガイザー）

❶「温泉探検街道」の看板と間欠泉をデザインしたシンボルマーク。ロトルアから南へ 80 キロのタウポまでの区間には 20 か所以上の温泉が連続する　❷ニュージーランドでは人の数より羊が多いというのは本当だ　❸先住民族のマオリは古くから温泉を入浴、暖房、調理などに活用してきた。ロトルアではマオリの生活を体感できるショーなどを開催している

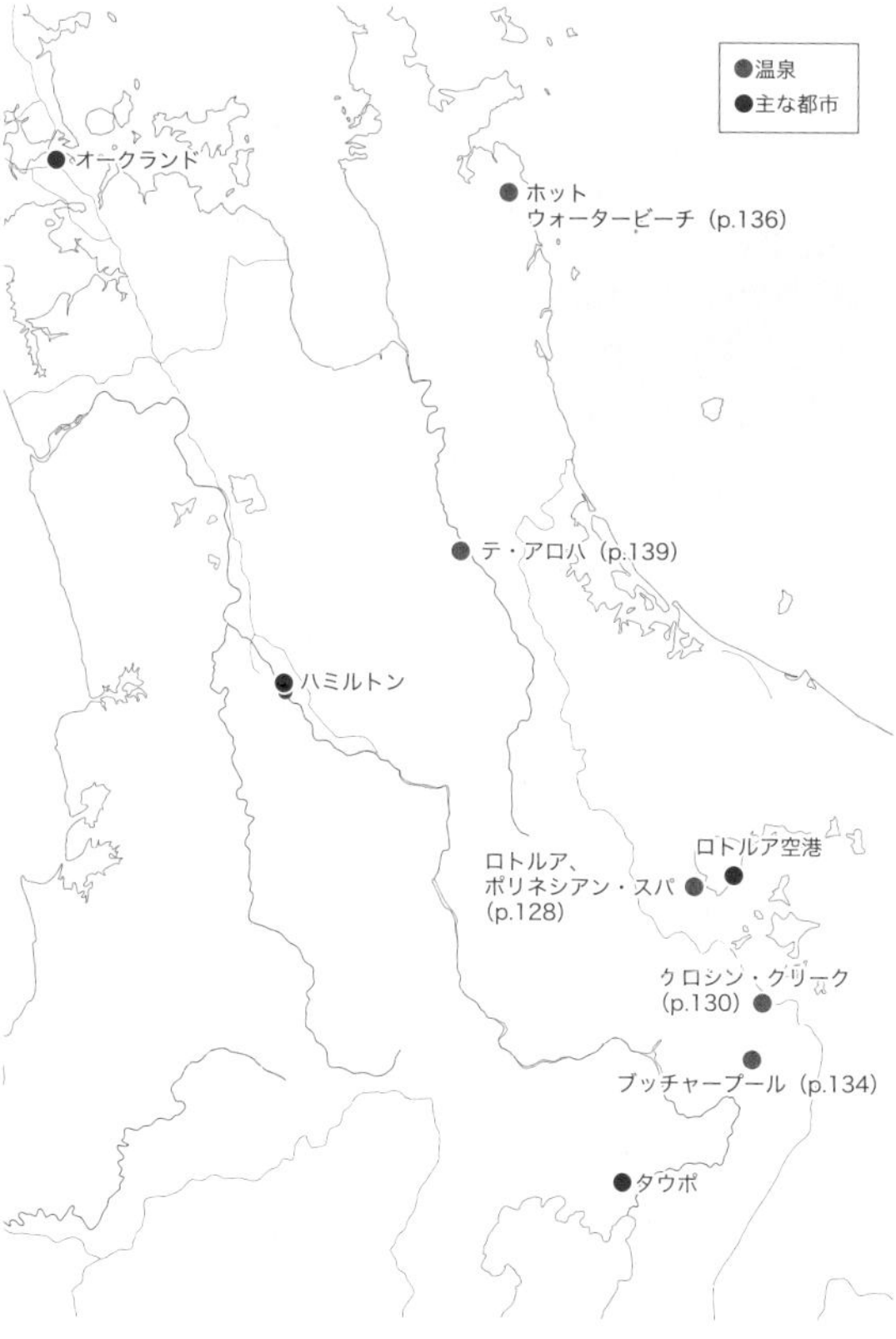
温泉
主な都市
オークランド
ホット
ウォータービーチ（p.136）
テ・アロハ（p.139）
ハミルトン
ロトルア空港
ロトルア、
ポリネシアン・スパ
（p.128）
ケロシン・クリーク
（p.130）
ブッチャープール（p.134）
タウポ

## アクセス

日本からはニュージーランド航空の直行便がオークランドまで毎日運航している。ロトルアへはオークランドで国内線に乗り継いで 45 分。海外での運転に慣れている人なら、オークランド空港でレンタカーを借りれば約 3 時間でロトルアに着く。

## 旅のポイント

車があると点在する温泉を楽に回れる。日本と同じく車は右ハンドル、左側通行。ロトルア周辺は道もわかりやすく交通量も少ないので、海外でのレンタカーデビューに向いている。ロトルアを起点にすれば、本書で紹介した温泉はすべて日帰り可能だ。なお、ロトルアは観光都市なので、タクシー代わりに運転手つきの専用車をチャーターすることもできる。

## ベストシーズン

ニュージーランドは南半球に位置し、日本とは気候が逆。冬(6 ～ 8 月)でもあまり寒くなく、いつ訪れてもよいが、12 ～ 3 月は気候が温暖で快適だ。

New Zealand

# ロトルア温泉

## ニュージーランド最大で一番人気の温泉郷

### 湖を眺めて浸かる ポリネシアン・スパ

ロトルアはロトルア湖の南西岸に開けた町。年間の観光客数は150万人を超える。その国を代表する温泉町同士として、大分県の別府市と姉妹都市になっている。複数の国道が交わる要衝で、北島のどこへ出かけるにも便利な場所だ。

ポリネシアン・スパは、ロトルアのみならず、ニュージーランドで最も有名な日帰り温泉施設。ロトルア特有の硫黄泉を気軽に楽しめるので、一年中大勢の旅行客でにぎわっている。館内には四つの温泉エリアがあり、それぞれ別料金なので、受付で選択する必要がある。眺めのよい温泉を気軽に楽しむなら、大人専用の「パビリオン・プール」がおすすめ。源泉槽のすぐ脇にあるため、濃厚な硫黄泉を楽しめる。湖に面した露天浴槽からは、噴煙の上がるロトルア湖を一望できる。

ただし、超人気の温泉施設なので、複数の団体客が重なった時間帯に訪れると、混雑してがっかりするかもしれない。ロトルアに宿泊し、朝一番で訪れると静かで快適な入浴を楽しめる。ロトルアには数多くの宿泊施設があるが、温泉を引いたプールを備えているホテルはノボテルなどごくわずか。ホテルでも温泉を楽しみたいという人は、予約時にしっかり確認しよう。

✦ POINT

- 「温泉が主人公」の世界的な観光地
- マオリと温泉の長い歴史に触れてみたい

世界中から観光客が訪れるポリネシアン・スパの外観

子ども連れで楽しめる「ファミリー・スパ」の温泉は薄めているのかかなりマイルド

活発な地熱活動を体感できるクイラウ公園の源泉地帯。足湯も楽しめる

ヘルズゲートでは草木も生えぬ地熱地帯の見学や泥風呂を楽しめる

町中のさまざまな場所で温泉が湧いている

印象的なマオリの意匠

*column*

**100年の歴史を語る博物館**

ひときわ目立つロトルア博物館は、20世紀初めに建てられた温泉療養施設。幾何学模様のチューダー様式が特徴で、当時の療養の様子などを見学できる。耐震補強工事の完了が待たれる。

ロトルア温泉（Rotorua Hot Springs）：ニュージーランド ベイ・オブ・プレンティ地方ロトルア市（New Zealand, Bay of Plenty, Rotora） アクセス：ロトルア市内。ロトルア空港から車で10分 入浴施設：ポリネシアン・スパ（Polynesian Spa） 9～23時 https://www.polynesianspa.co.nz/

✦ POINT
・野湯の楽しさのすべてがここに！
・ロトルアからのアクセスも抜群

New Zealand

# ケロシン・クリーク温泉

温泉探検街道でもっとも有名な「湯の川」

## 原生林に囲まれた滝つぼ自体が露天風呂

ケロシン・クリークは小川そのものが快適な温泉という人気の野湯で、ときには観光バスもやってくる。ロトルアから国道5号線を約25キロ南下。ムルパラ方面へ向かう38号線との分岐点ではそのまま5号線を南下し、最初の脇道を左折する。うっかりすると通り過ぎてしまいそうな砂利道だが、「ケロシン・クリーク道路」という小さな標識がある。

道路脇には随所で噴煙が上がり、温泉のような池が見える。道から外れて探索してみたい誘惑にかられるが、熱湯ばかりで足場も悪いため、大やけどをしないよう注意したい。標識から2キロほど走ると、車が10台程度停車できるスペースが右手にある。ここで着替えて木立の中の遊歩道を進む。秋には一帯が紅葉する美しい遊歩道だ。

ロトルアから南下した場合、この標識を見落とさずに左折する

温泉までは木立の中を数分歩いて行く

道路右手の広場が駐車場。ここで水着に着替えていく

ケロシン・クリーク道路沿いにはいくつもの源泉があるが、とても高温なので注意が必要

緩やかにカーブした小川の水はかなり温かい。しかし、おすすめの入浴場所はもう少し先にある。1メートルほどの落差の小滝の窪みがまさに格好の露天風呂なのだ。川の水量が少なく熱めの日もあるが、このときは40℃弱と適温。流れ落ちる湯が砕けて無数の気泡が生じ、まるで天然のジャグジー風呂だ。ダイナミックで心地いい入浴を楽しめる。

遊歩道をさらに進むと、高さ3メートルほどの崖があり、温泉が滝となって斜面を流れ落ちている。この滝つぼがもう一つの入浴ポイント。滝の周囲の川底からも湯が湧いている。遊歩道から滝下に降りる道は急坂で足場が悪いので、注意が必要だ。

こんなにすばらしい環境にちょうどいい温度の湯が湧き、しかも簡単にアクセスできるというのは奇跡的。今ではすっかり有名になり、週末の日中は大にぎわいとなる。静かな温泉を楽しみたいなら、平日や早朝を狙うしかない。夏以外の季節には、湯滝のしぶきが霧となって煙る幻想的な雰囲気を楽しめる。

一つ目の滝では湯が砕け、まさに天然のジャグジーのよう

流れが穏やかな場所でワインを楽しむ家族連れ

二つ目の滝つぼでは、より豪快な湯あみを楽しめる

ケロシン・クリーク温泉（Kerosene Creek）※ケロセン・クリークとも：ニュージーランド ベイ・オブ・プレンティ地方ロトルア市（New Zealand, Bay of Plenty, Rotora） アクセス：ロトルア市内から車で南へ 20 分 野湯は入浴自由 見学：ワイオタプ・サーマル・ワンダーランド（Wai-o-Tapu Thermal Wonderland）8時半～ 16 時半 https://www.waiotapu.co.nz/ 見学:ワイマング・ヴォルカニック・ヴァレー（Waimangu Volcanic Valley）8時半～ 17 時 https://www.waimangu.co.nz/

*column*

## 地球のダイナミックな活動を見る

ケロシン・クリークから10キロ圏内には、火山や温泉の活動を見学できる観光施設がいくつもある。南にあるのがワイオタプ・サーマル・ワンダーランド、北にあるのがワイマング・ヴォルカニック・ヴァレーで、ともに色鮮やかな温泉や噴泉を巡る周遊路が整備されている。語頭の「ワイ」はマオリ語で水を意味し、温泉名によく使われる。

### ワイオタプ・サーマル・ワンダーランド

猛烈な地熱地帯の遊歩道には手すり一つない

鮮やかな色彩の温泉池がワイオタプの特徴

決まった時間に噴き上げるレディノックス間欠泉

施設脇の橋下に温泉と川の水が混ざって適温となった広大な野湯がある

### ワイマング・ヴォルカニック・ヴァレー

湧き立つようなフライパンレイク。実際にはそんなに高温ではない

温泉の滝、池、噴泉、析出物を一気に見学できる遊歩道

✦ POINT
・目にした途端、思わずニヤける極上の野湯
・周囲は無人なのでなるべく日中に訪れよう

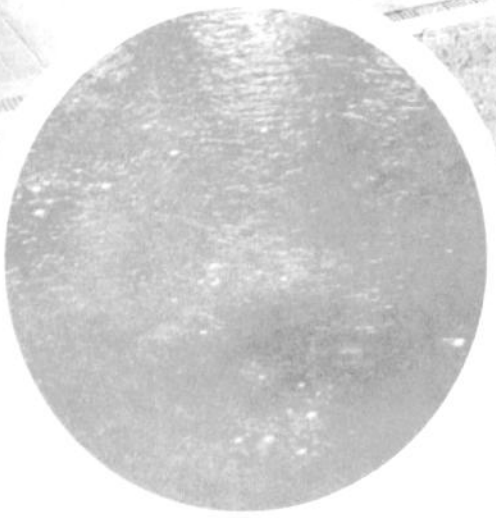

湯の表面を観察すると、ボコボコと気泡が立ち昇ってくる

New Zealand

# ブッチャープール

## 丘の町に忽然と現れる超一級の無料温泉

**貴重な足元湧出の濁り湯を満喫したい**

ロトルアとタウポの中間に位置するレポロア。北海道の美瑛を彷彿させる美しい丘の町で、なだらかな斜面に牧草地や畑が広がる。日除け・雨除け用にポツンと立つ大きな木々が印象的だ。そんな町のはずれの牧場脇に、無料で入浴できる魅力的な温泉が湧いている。

レポロアの中心部を過ぎて2キロの地点に、「ブッチャープール」という小さな標識を発見。案内に従って未舗装路を400メートルほど進むと、駐車場に突き当たる。丘の窪みに温泉が湧いていて、18×7メートルの温泉プールを満たしている。

柵があるものの自己責任での入浴は可能。柵を越えて中に入り、緩やかな階段を下って木枠の浴槽に近づいてみる。湯は黄土色に濁った含土類系の炭

酸泉で、この種の温泉特有のニオイが漂う。ニュージーランドでは珍しい泉質だ。よくみると、無数の気泡が湧き上がっており、源泉の直上に設けられた足元湧出湯なのを実感できる。

濁り湯なのでわかりにくいが、水深は1・2メートルとかなり深いので、特に子ども連れの場合は注意したい。湯温は41℃でまさに適温。訪れる人の少ない掘り出し物の秘湯だ。温泉名は19世紀末に温泉を発見したブッチャー氏の名に由来するそうだ。

雨上がりで牧場脇に太い虹が見え、一匹の羊が見つめていた

温泉への道の脇に、毒々しい色のキノコが群生している

*column*

### 願いが叶う温泉池？

ブッチャープールの南西にオラケイコラコの地熱地帯がある。奇妙な響きだが、マオリ語で「崇拝する場所」を意味する。石灰棚や温泉池を見学する遊歩道が整備され、洞窟内には「鏡の池」という美しい温泉池がある（右下の写真）。自噴泉で、触ると願いが叶うと伝わるが、入浴は厳禁だ。

ブッチャープール（Butcher's Pool）：ニュージーランド ワイカト地方レポロア（New Zealand, Waikato, Reporoa） アクセス：ロトルアから車で南へ 30 分のレポロア地区 野湯：ブッチャープール（入浴自由） https://www.nzhotpools.co.nz/hot-pools/butchers-pool-reporoa/ 見学：オラケイコラコ（Orakei Korako Cave and Thermal Park） 8～16 時 https://www.orakeikorako.co.nz/

✦ POINT

- 夏の思い出作りに最高のにぎやか温泉
- 温泉の湧くエリアは2か所だけ

New Zealand

# ホットウォータービーチ

## 世界中の旅行者が集う人気の砂浜温泉

### 干潮時のみ入浴できる「限定もの」の温泉

スコップで砂浜を掘り、自分で露天風呂を作って入浴する人気の砂浜温泉。しかも入浴できるのは一日二回の干潮時のみというユニークさで、旅行者に広く知られている。ロトルア周辺の温泉探検街道からは離れるが、ニュージーランドの温泉を語る上で、ここは欠かせない。

オークランド空港から車で東へ3時間。まずは約1時間半のドライブで、温泉のあるコロマンデル半島の入口に着く。目指すビーチは半島の東海岸にあるため、山道を走って半島を横断する。

駐車場から温泉までは砂浜を約200メートル歩く必要がある。夏場は人だかりができているので、場所はすぐにわかる。ホットウォータービーチといっても、温泉の湧く場所はごく

夏以外のシーズンはあまり混んでおらず、じっくりと浴槽を作ることができる

ビーチの入り口。浅い川を渡る必要があるので、サンダルを持参したい

お尻が浸かる程度の深さでも「達成感」は大

夏場は大混雑で、少しでも出遅れると掘る場所はない

一部。20メートルほどの間隔をおいた二つのエリアに限られており、少しでも離れるとお湯は出ない。このため、群集は自然と二つのかたまりに分かれる。子ども連れの家族、若者のグループ、カップルなどとさまざまな人たちがスコップを手に砂浜を一心に掘っている。

完全な砂地なので、深く掘り進めるのは難しい。膝を伸ばして座り、腰が隠れる程度の深さまで掘れれば上出来だ。ゆったりと浸かれるわけではないので、温泉マニアの評価は分かれるだろう。干潮時限りのイベントをワイワイ楽しむ温泉と割り切った方がいい。

温泉は砂と混ざって茶色く濁っていて、舐めると塩味がする。といっても海水とは別物だ。潮が満ち始めると、海側の浴槽から次第に波に洗われて壊れていく。何となく切なさ

浅いけれど家族水入らずで極楽の温泉

を感じる光景で忘れがたい。

干潮の前後2時間は利用可能と紹介されているが、干潮時刻に着いたのでは、すでに先客がいっぱいで掘る場所もスコップも残っていない。筆者は秋に再訪したが、客はまばらで快適だった。ただし、湯温が高くないので冬場の利用は難しい。

二つのエリアの中間地帯では、いくら掘っても湯が湧かず、途方に暮れる人もいる

*column*

## 世界最強のツルツル温泉

ロトルアからコロマンデル半島へ向かう途中にテ・アロハという小さな温泉村がある。ずらりと並ぶ個室風呂で源泉浴を楽しめるが、アルカリ泉のツルツル感は世界屈指。ローションのようという例えがまさにぴったりくる。なお、英語ではツルツル温泉をシルキー（絹のよう）と表現する。

一部の個室風呂は貴重な巨木「カウリ」の倒木を使っている

シンプルな外観からは想像できない驚きの泉質

テ・アロハはマオリ語で愛の意味という。写真は入浴施設脇の間欠泉

伐採が禁じられている神聖なカウリの木

ビーチの入り口のショップでスコップを貸してくれるが限りがある。夏場はすべて出払ってしまう

📍 ホットウォータービーチ（Hot Water Beach）：ニュージーランド ワイカト地方 テムス・コロマンデル（New Zealand, Waikato, Thames-Coromandel） 🚗 アクセス：オークランド空港から車で東へ２時間半〜３時間 ♨ 野湯は入浴自由（ただし干潮の前後のみ） 🌐 https://www.newzealand.com/jp/hot-water-beach/ ♨ 入浴施設：テ・アロハ温泉（Te Aroha Mineral Spas）10〜21時（週末は9時から） 🌐 https://www.tearohamineralspas.co.nz/

♥こんな人におすすめ
- 温泉三昧な旅をしてみたい
- 車の運転には自信アリ
- 「白夜」の夏を体験してみたい

# Iceland
アイスランド

## 白夜の国は珍しい 絶景温泉の宝庫

巨大なストロックル間欠泉。柵もなく間近で観察できる

アイスランドは北大西洋に浮かぶ島国。北海道の1・2倍の国土に38万人が暮らしている。北大西洋中央海嶺が島を貫いているため、火山活動が活発。大規模な噴火もしばしば起こる。火山性の温泉が多く、色鮮やかな濁り湯や野趣あふれる露天風呂で知られる。

　そんなアイスランドでも指折りの観光地である間欠泉のゲイシールは、間欠泉（ガイザー）という英単語の語源となるほど昔から知られている。60メートル近くの高さまで噴出することがあるが、間隔は不定期で、ちょうどよいタイミングで訪れるのは難しい。このため、近くにあって活動が盛んなストロックル間欠泉が人気だ。6〜7分間隔で確実に噴出するので、観光客も楽しめる。

　142ページからは、アイスランドを代表する三つの温泉を紹介する。

ストロックル間欠泉は噴出の直前、ライトブルーの湯面が盛り上がるように膨らむ。この瞬間を撮ろうとカメラを構える旅行者が多い。

レイキャビクのハットルグリムス教会は高さ 73 メートル、最上階は展望台で、町を一望できる

ちょっと不気味な妖精トロルの人形を街中で見かける。角を曲がっていきなり遭遇するとびっくりしてしまう

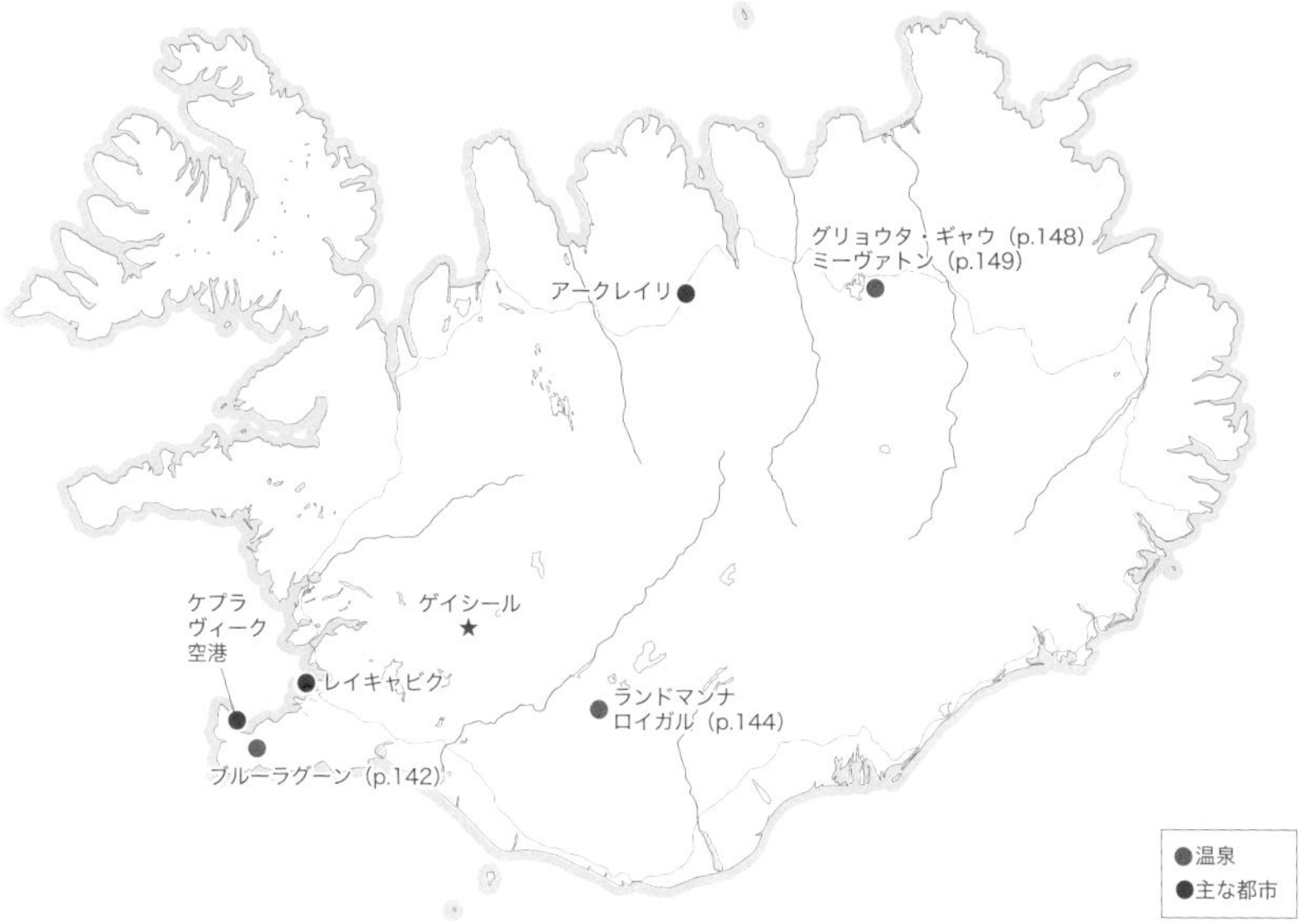


## アクセス

日本からの直行便はなく、ヘルシンキやロンドンなどでの乗り換えが便利。

## 旅のポイント

車がないと移動が難しい。交通量は多くないのでレンタカーを利用するのがおすすめ。ただ、観光が主要産業で、夏場は日帰りツアーが充実しているので、レンタカーがなくても主要な温泉を巡ることはできる。専用車の手配も可能だが、短い夏に予約が集中するので、早めの手配が必要だ。

## ベストシーズン

観光シーズンは６～９月だが、フライトやホテルの数は限られるので、早めに計画したい。オーロラ観光が人気の冬は、ほぼ一日中暗くて気温も低いので、温泉観光には向かない。

✦ POINT

・美容効果があるとされる白い泥パックが人気
・人気の夏場は事前のウェブ予約が必須

Iceland

# ブルーラグーン温泉

## ミルキーブルーに輝く極上の露天風呂

### 「世界最大」ともいわれる露天風呂は一生の思い出

アイスランドでもっとも有名な温泉施設、ブルーラグーン。国際線の発着するケプラヴィーク空港に近いので、旅の最初か最後に立ち寄る観光客が多い。首都レイキャビクからも遠くないので、日帰りで利用しやすい。人気の温泉施設なので料金もたいしたもの。もっとも安い入浴プランでも５０００円以上はする。また、極端な混雑を避けるため、ウェブでの事前予約システムを早くから導入している。ピークシーズンの夏に予約しないで訪れると、入館できないので注意したい。

施設の周囲は一面の溶岩地帯。近づくと隣接するスヴァルスエインギ地熱発電所からの猛烈な白煙が見える。ブルーラグーンは自噴泉ではなく、この発電所が汲み上げた地下熱水の排水を再利用したもの。排水の温度は70度以上あるが、プール内では38℃前後に調整されていて、長湯にもってこいだ。

5千平方メートルと広大で、白濁した湯は足元が見づらい。プールの底には結構な段差があるうえ、もっとも深いところは1・4メートルなので注意したい。硫黄臭は思ったほど強くない。ガイドブックやウェブサイトでは、広大なプールの全景写真を見かけるが、入浴中の目線では広さがわからない。レストランの屋上展望台に立つと全景を見渡せる。

プールの底に沈んだ白い泥でパックを楽しむ人が多い

入浴客は多くても、あまりにも広いので混雑感はない

周囲には荒涼とした岩場が広がり、温泉だけが異空間に見える

*column*

**レイキャビク市内には温泉がたくさん**

市内には10を超えるプールがあるが、大半は温泉もしくは地熱で温めた水を利用している。おすすめはノイトホゥルスヴィーク海岸の露天温泉。38℃の長方形の浴槽と波打ち際に円形浴槽がある。潮が満ちると砂浜は海の下となる。

ブルーラグーン温泉（Blue Lagoon Hot Springs）※アイスランド語でブラウア・ローニズ（Bláa lónið）：アイスランド グリンダヴィーク（Iceland, Grindavík） アクセス：ケプラヴィーク国際空港から車で25分、レイキャビク市内から50分。入浴ツアーも毎日催行されている 入浴施設：ブルーラグーン（Blue Lagoon）8～22時（夏は7～24時） https://www.bluelagoon.com/ 入浴施設：ノイトホゥルスヴィーク温泉（Nauthólsvík Geothermal Beach） https://nautholsvik.is/en/

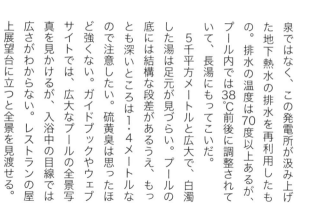

✦ POINT
・一日かけて訪れる価値アリ！
・夏場ならツアーに参加してみよう

尾瀬のような湿原に
ワタスゲの群落があった

Iceland

# ランドマンナロイガル温泉

## 湿原のあちこちから湧く豪快な川湯が人気

### 温泉へのアクセス自体が人気のツアー

アイスランド中央高地の南部、ランドマンナロイガルと呼ばれる一帯は人気のハイキングコース。色鮮やかな流紋岩の山々を巡るコースは6〜9月がシーズンだ。

ランドマンナロイガルは「人々の浴場」という意味だけあって温泉も豊富。ハイキング客の利用が多いが、レイキャビクから温泉を目指す日帰りツアーをいくつもの会社が催行している。レンタカーを利用して個人で訪れることもできるが、未舗装路を50キロ以上も走るので、四輪駆動車が必須だ。

最初のうちは道路状態もそれほど悪くない。ごつごつした溶岩台地や火山灰の積もった柔らかい道など、まるで別の星に来ているような風景の中をひたすら走る。雨の状況や時期によっても異なるが、目的地までに数回渡渉す

温泉までは
荒涼とした
大地が続く
Landmannalaugar 5
F208

温泉まで5キロの看板。個人で行く場合は絶対に見落とさないようにしたい

Crossing requires caution
• Where is the crossing?- Rivers change.
• Tire tracks do not tell the entire story.
• Has your engine been waterproofed?
• Is somebody watching while you cross?
• Probe the crossing yourself.
• Use a safety line.
• Wear warm clothing in bright colours.

未舗装路の入口には、渡渉する際の注意事項を記した珍しい標識がある。「轍を信じるな」、「明るい色の温かい服を着ろ」など、ほかでは見かけない記述が満載だ

温泉の直前に最大の渡渉地点がある。水量も適切な渡渉場所も日ごとに変化する

人気の温泉地だけあって、レイキャビクからの日帰りツアーバスが多い

❶温泉は駐車場から木道を歩いた先にある。正面の崖は、大噴火時の溶岩流の末端だ　❷川自体も温泉だが、川底を藻が覆って滑りやすいので、サンダルを持参したほうがよい　❸温泉が流れ込む場所が一番高温で、入浴客が集まっている

る必要がある。この日も水量、川幅ともに群を抜く渡渉が最後に待っていた。大型のツアーバスや車高の高いランドクルーザーはものともせずに渡っていくが、心配な人は手前の川原に車を停め、歩いて川を渡れば数分で駐車場に着く。観光バスが並ぶ駐車場の脇には、食事や宿泊が可能な山小屋が建っている。

温泉は右手の崖下にあり、木道を渡っていく。尾瀬のような湿地帯で、ちょうどワタスゲの白い花が満開だった。小川の脇にはコンクリート製の源泉井戸が二つあり、湯が勢いよく川へと注いでいる。触ってみるとかなり熱い。よく見ると川の随所から湯が湧いて、気泡が上がっている。

衣服を掛けるだけのシンプルな脱衣所脇の階段から川に降りる

湿原から温泉が湧き、川を形成している。宿泊も可能な山小屋の背後はブレニスティンサルダ（硫黄の波）と呼ばれる山々

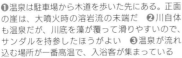

短い夏に旅行客が集中する。週末はテントの花が咲き、広場が埋まってしまうという

と、小石敷きで気持ちいいが、かなりぬるい。温泉に浸かったままで、上流側に歩いて行くと湯温は次第に上がる。崖の左手に源泉の注ぎ口があり、ここから高温の湯が注いでいる。水温近くから45℃近い場所まで湯温はさまざまだ。

　湿原に湧く天然温泉が作り出した露天風呂はすばらしいが、たどり着くまでのアドベンチャー感の強さが、この温泉の人気度を高めている。実際、観光バスが到着すると、露天風呂は一気に混むが、短時間で上がってしまう人が大半だ。その時間さえ避ければ、湧き出し口を占有して、のんびりと浸かっていられる。

*column*

**レンタカーでアイスランドの絶景を楽しもう**

アイスランドの温泉を巡るにはレンタカーが便利だが、マニュアル車が中心なので、オートマ車をレンタルしたい場合は早めの予約が必要だ。道はわかりやすいが、未舗装路が多いので、四輪駆動車を借りたほうがよい。筆者は国内で四輪駆動車の運転練習をしてから旅立った。

ランドマンナロイガル温泉（Landmannalaugar Hot Springs）：アイスランド ランドマンナロイガル（Iceland, Landmannalaugar）　アクセス：レイキャビクから車で4～5時間。日帰りツアー参加か、四輪駆動車でのドライブが必要　野湯：ランドマイナロイガル温泉（Landmannalaugar Bathing Place）入浴自由

✦ **POINT**
- 世界で唯一の不思議な入浴を楽しもう
- 湯温が上がると入浴禁止となってしまう

Iceland

# グリョウタ・ギャウ温泉

## 地球の割れ目に湧く幻想的な洞窟温泉

**入浴できるかどうかはまさに運次第**

　アイスランドにはユーラシア大陸とアメリカ大陸のプレートの割れ目（ギャウ）を観察できる地点がいくつかある。グリョウタ・ギャウは温泉の湧くギャウとして有名だ。北部の拠点となるアークレイリからアイスランドを一周するリングロードを東へ90キロ。右手にミーヴァトン温泉への入り口があるが、その手前にグリョウタ・ギャウへと分岐する道がある。未舗装だが道路状態は悪くない。溶岩地帯の随所から蒸気が立ち上る道を2キロ走ると駐車場らしきスペースに到着。左右に二つの洞窟があり、それぞれ温泉が湧いているが、広く知られているのは右手の洞窟。中に入ると、わずかに陽光が差し込み、コバルトブルーの透き通った湯が美しい。ただし、湯温が45℃と高く入浴できなかった。

　左手の洞窟は入り口がわかりにくいため、訪れる人は少ない。41℃で、ドイツ人の家族が入浴中だったので、同浴させてもらった。なお、火山活動が活発化し、湯温が上がると洞窟は立ち入り禁止となる。両方とも入浴できない場合は不運を嘆かず、近くのミーヴァトン温泉で気晴らしの入浴を楽しみたい。

遠い将来には、この割れ目が拡大し、アイスランドを二つに分断してしまうというギャウ

アイスランド語でギャウまで２キロを示す標識

左側の洞窟は比較的ぬるめでこの時は入浴できた

左側の洞窟の入り口はわかりにくく、知らずに帰ってしまう人も多い

*column*

**北部最大の露天風呂**

グリョウタ・ギャウ近くのミーヴァトン温泉（ネイチャーバス）はブルーラグーンと双璧をなす広大な露天風呂。ブルーラグーンより空いていて、硫黄臭とツルスベ感では勝っている。

グリョウタ・ギャウ温泉（Grjótagjá Hot Springs）：アイスランド レイキャフリーズ（Iceland, Reykjahlidh ／ Reykjahlíð） アクセス：レイキャビクからアークレイリまで車で５時間、国内線のフライトで 45 分。アークレイリ空港から温泉までは車で１時間 20 分 ♨ 野湯は入浴自由だが湯温が上昇すると立入禁止となる ♨ 入浴施設：ミーヴァトン温泉（Mývatn Nature Baths ／ Jarðböðin við Mývatn） 12 ～ 24 時 https://myvatnnaturebaths.is/

Costa Rica

# タバコン温泉

## 中米で人気ナンバーワンの温泉リゾート

### 園内を流れる川も滝もすべてが温泉

　中米でもっとも有名な温泉といわれるのがコスタリカのタバコン・リゾート。世界中から観光客が訪れるので、料金設定も強気だ。日帰り入浴の場合、18時以降の最安プランでも5000円以上。食事つきのプランだと1万円を超える。それでも連日大勢の観光客でにぎわっている。

　宿泊客は夜も朝も入浴できるので、どうせならばと宿泊することにした。日のあるうちに温泉を楽しみたいので、15時

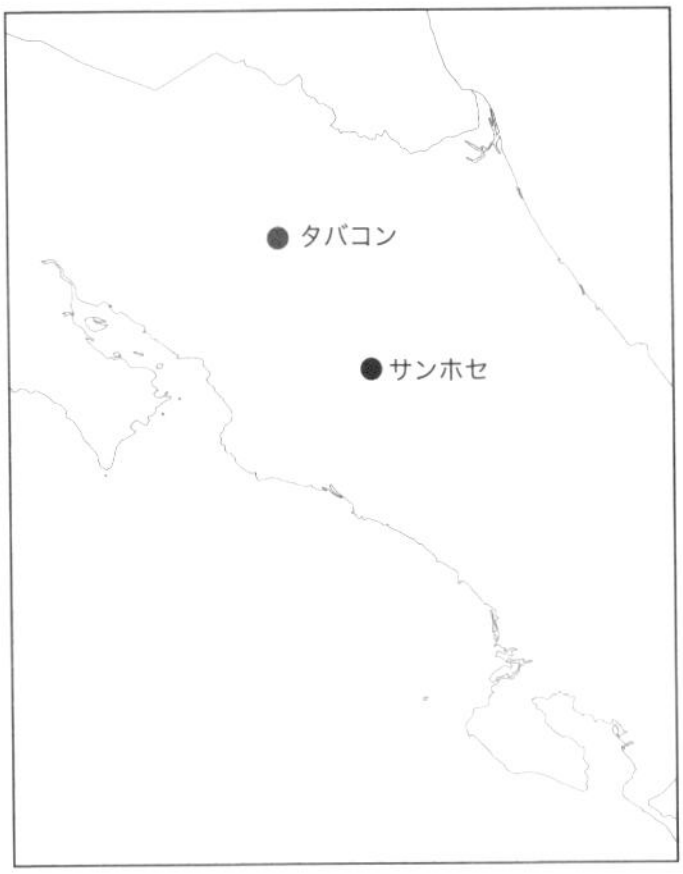


首都サンホセから北西へ車で３時間。日帰りツアーも多くある

**✦ POINT**

・スケールがケタ違いの極上温泉を満喫
・隣接する無料の湯川も見逃せない

すぎにホテルへ到着。温泉の入口は800メートルほど離れており、シャトルカーを利用できる。美しいアレナル火山の稜線を眺めながら温泉に向かった。

温泉エリアは壮大な規模。熱帯雨林の園地を縦横に流れる川はすべて温泉だ。傾斜地をうまく活用しているので、随所に湯滝があって、豪快な打たせ湯を楽しめる。

遊歩道に沿って川の上流へと進むと、隠れ湯のような湯だまりが次々と現れる。家族連れやカップルが貸切りで利用しているが、湯だまりはどこにでもあるので、入る場所を探す苦労はない。どこで浸かっても湯量が豊富で40℃前後の適温というのは信じられないほど。

ホテルの部屋はシンプルな山岳ロッジ風で、夜になると、聞いたことのないさまざまな野鳥の鳴き声を耳にすることができる。

湯滝での打たせ湯はどこでも大人気

アレナル火山の麓に位置するリゾートホテル。噴火時は迫力ある眺めだそうだ

広大な園内はトロピカルな遊歩道で結ばれている

*column*

### 貧乏人のタバコン？

料金が高すぎて利用できない旅行者に人気の野湯がすぐ近くにある。施設の脇の川が適温の温泉なのだ。川の名はリオ・チョジンだが、リオ・タバコンの名で知られる。別名は「タバコン・デ・ポブレ」。「貧乏人のタバコン」という意味で、「お金のある人はリゾートへ、ない人は川へ」と自嘲気味に使われる。

タバコン温泉（Tabacon Hot Springs）：コスタリカ アラフェラ州（Costa Rica, Alajuela） 宿泊&入浴：タバコン・グランドスパ・サーマル・リゾート（Tabacon Grand Spa Thermal Resort）日帰り入浴は10～22時 https://www.tabacon.com/ シーズン：乾季は12～4月。雨季の雨量は多い

Guatemala

# フェンテス・ヘオロヒナス温泉

## 人気の山の湯は草津のような酸性泉

### 深山幽谷の露天風呂はエメラルド色

　環太平洋火山帯に位置するグアテマラでは火山の活動が活発。首都グアテマラシティの南西50キロに位置するフエゴ火山をはじめ、たびたび噴火の報告がある。それゆえ、火山性の温泉が多く、湯巡りが楽しい国でもある。

　東部の湯滝、フィンカ・パライソと並んで有名なのがフェンテス・ヘオロヒナス温泉。西部のスニルの町から急峻な山道を突き当りまで走った先にある。崖から湧き出す温泉を利用した露天風呂がいくつもあるが、子ども用を除くとメインは二つ。一つ目は澄んだ緑色で適温。いつも空いている穴場の露天だ。

　奥にある二つ目の露天風呂は同じく緑色だが、ミルキーグリーンの濁り湯なのが興味深い。周囲に脱衣所やトイレ、子ども用の浅い温泉プールなどが

✦ POINT
- 熱めの湯が好きな人は崖の直下へ
- 強酸性の湯なので目に入ると痛くて大変

揃って便利なため、混雑している。胸の高さくらいのプールに入ると、はじめはぬるめだが、奥に向かうと徐々に湯温が上がる。崖下まで達すると、あらゆる場所から温泉が滴り落ちていて、手では触れられないほど熱い。源泉を口に含むと強い酸味を感じる。霧の出やすい場所で、道路も露天風呂も一瞬で見えなくなってしまうことがある。

奥側の露天風呂の上段は
自然な雰囲気で心地よく、
時を忘れてしまう

奥側の露天風呂は両側に崖が迫る

崖の岩の隙間から高温の湯が滴っている

*column*

**グアテマラはユニークな温泉の宝庫**

あまり知られていないが、グアテマラでは全土に渡って温泉が湧いている。写真は滝も滝つぼも温泉というフィンカ・パライソ。前著でも紹介しているので、マヤ文明の遺跡観光と一緒にグアテマラの温泉巡りを楽しんでほしい。

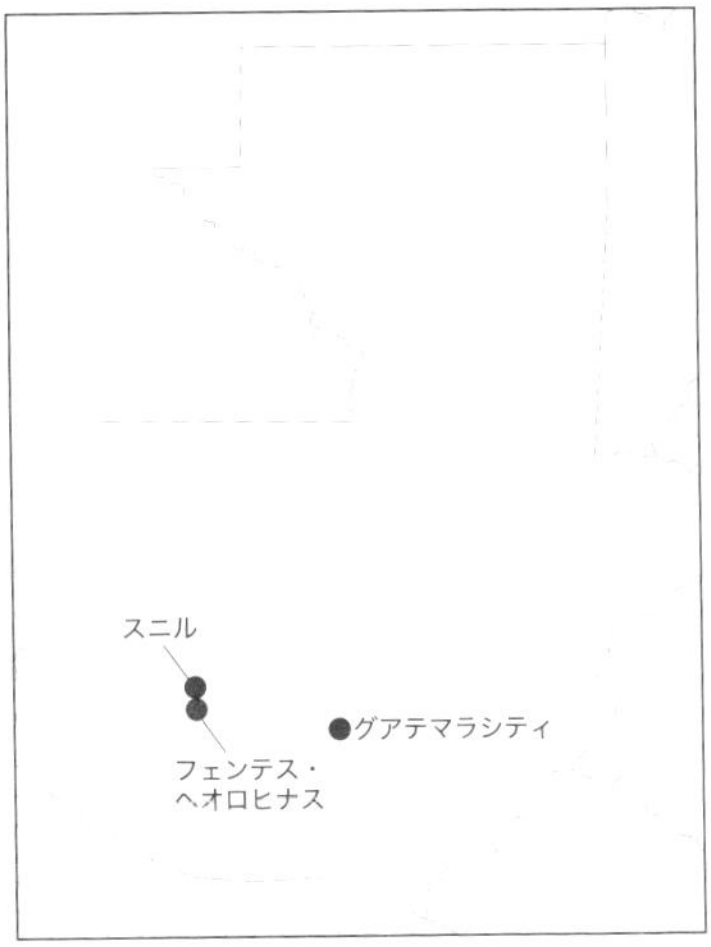


首都グアテマラシティから車で西へ４時間半。
スニルから10キロ、25分

フェンテス・ヘオロヒナス温泉（Fuentes Georginas Hot Springs）：グアテマラ ケツァルテナンゴ県スニル（Guatemala, Quetzaltenango, Zunil） 宿泊＆入浴：フェンテス・ヘオロヒナス（Fuentes Georginas）9～18時 シーズン：11～4月が乾季

✦ **POINT**
- 次々と現れる絶景温泉に気分が高まる！
- 誰かに話したくなるプラチナ級の温泉体験

Mexico

# トラントンゴ温泉

**一日中でも過ごせる広大な温泉郷**

## 川湯、洞窟の湯滝、棚田風呂が揃う温泉ランド

トラントンゴはミルキーブルーの川そのものが温泉で、源泉は洞窟の中。雄大な自然の中で野趣あふれる露天温泉を楽しめる。メキシコシティから日帰りツアーを催している旅行会社もあるが、注意が必要だ。トラントンゴは「グルタス」と「パライソ」という二つのエリアに分かれているが、一方しか訪れないツアーが少なくない。本書ではそれぞれの特徴を紹介するので、両方に行きたいときは、事前に確認した方がよい。

メキシコシティ空港からイスミキルパン Ixmiquilpan を経て車で3時間半。イスミキルパンからシャトルバスあり

トラントンゴはメキシコシティの北、イダルゴ州にある。近づくにつれ道路状態は悪くなり、最後はガードレールのない谷間を九十九折で一気に下って行く。携帯電話は完全に圏外だ。まずは奥側の「グルタス」エリアに向かう。ごく一般的なプールの右手に鮮やかな温泉の川が見える。下流ほどぬるく、上流へ進むと少しずつ温度が上がるが、それでも35〜37℃程度。とはいえ、暑いメキシコではちょうどいい。適度な間隔で川に設けられた堰のような岩壁に寄りかかって、気持ちよさそうに過ごしている人が多い。みな至福の表情だ。川の脇にはテントの花が咲いている。見た目と違い、硫黄臭はほとんどない。

渓流に沿って上流側へと進むと右手につり橋が見えるが、渡った先は「グロリア・トラントンゴ」という別施設。落差のある滝の下に、いくつもの露天風呂が段々畑状に設けられている。追加料金が必要なため、

❶ミストサウナ状態の洞窟内から入り口を見るとこんな感じ　❷川湯の堰ではジャグジーを楽しめる　❸巨大な滝は温泉ではないが、右下に温泉の湧く洞窟の入り口がある　❹洞窟の最奥の湯滝は強烈。ミルキーブルーの川湯の源泉だ

人工的な露天風呂だが、造形と景観があまりにも美しいパライソエリア

露天風呂の壁面は見事な
石灰華で覆われている

利用者は少なく空いている。静かに湯を楽しみたい人にはおすすめだ。

元の通りに戻って、階段をひたすら上ると、エリア名ともなっている「グルタス（洞窟）」に着く。洞窟内のいたるところで天井から湯や水が滴っている。最奥の壁付近の湯滝が最も強烈だ。鍾乳洞のような洞内で湯滝を浴びると、ここまで来て本当によかったと思える。

もう一か所は2・5キロほど戻った場所にある「パライソ」エリア。ポサス・テルマルス（温泉プール）の看板に従い、急斜面の階段を下っていくと、崖から突き出すように半円形や長方形の温泉浴槽が並んでいる。中には浴槽が空中に浮かんでいるように見えるものもある。もとは人工的な露天風呂だが、温泉が流れ落ちる斜面はこぶ状の析出物で覆われて写真映えする。天然の川湯、鍾乳洞の洞窟、湯滝の下の露天風呂、崖を埋める棚田風の浴槽と多彩な温泉が揃い、まさに世界最高レベルの温泉レジャーランドだ。

トラントンゴには数軒のホテルがあるが、事前予約ができないので、週末は早めの到着が必須だ。

つり橋の先は「グルタス」「パライソ」と別施設の「グロリア」。自然環境を活かした露天風呂が点在している

周囲の山道を見るといかに厳しい地形かがわかる。
トラントンゴは谷底にある

実際には、ごくふつうのプールを楽しんでいる人たちが一番多い

*column*

### メキシコにも ピラミッドがある

旅の起点となるメキシコシティは見所が豊富。テオティワカンのピラミッド群は約2千年前の都市文明遺跡で世界遺産に登録されている。温泉巡りとあわせて訪ねたい。

トラントンゴ温泉（Grutas Tolantongo）：メキシコ イダルゴ州（Mexico, Hidalgo） 宿泊＆入浴：グルタス・トラントンゴ（Grutas Tolantongo）日帰り入浴は7～20時（宿泊客は23時まで）※パライソエリアの情報を含む http://www.grutastolantongo.com.mx/en/ 宿泊＆入浴：グロリア・トラントンゴ 12～24時 https://lagloriatolantongo.com.mx/ シーズン：11～4月が乾季

# マキニット温泉

## フィリピンで最も美しいオーシャンビュー温泉

首都マニラからブスアンガ空港まで国内線で1時間。空港から車で50分

### 温泉だけを目当てにブスアンガ島へ

7500以上もの島々から成るフィリピン。環太平洋火山帯に位置し、温泉も多いが、広い地域に分散しているため、効率的に回るのは難しい。ブスアンガ島のマキニット温泉は景観、湯温ともにすばらしく、フィリピンを代表する温泉だ。温泉だけを目的にマニラから日帰りで訪れてみた。なお、マキニットはタガログ語で「温泉」という意味なので、フィリピン各地に同じ名前の温泉がある。

コロンタウンの先、ガタガタ道を3キロ走った終点に温泉がある。思った以上に素朴な施設で、大きな露天風呂があるのみ。手前の源泉浴槽は41℃。常夏のフィリピンでは少し熱めに感じる。塩分を豊富に含む湯で、浴槽の縁には黒い析出物が堆積している。

下手には直径25メートルほどの半円形プールがある。源泉池のオーバーフローが注ぎ込むため、ややぬるめで、フィリピン人はこちらを好むようだ。プールの底は小石交じりの砂地で、歩くと気持ちいい。無色透明の湯なので、

**✦ POINT**

- 陽光にきらめく温泉池で幸福に浸る
- ダイビングしない人でも行く価値アリ！

島内の移動はトライシクルという三輪タクシーが中心

小さな島の空港だが、海は見えず、
周りは牧草地で牛が多い

天気がよければ、プールの底の石や砂までくっきりとみえる。プールの縁には腰掛けできる台や階段も設けられている。自然の景観を損なわず、うまく作りこまれた浴槽だ。

このあたりの海はダイビングスポットとしても人気があり、夕方以降はダイバーの利用が多い。海側の船着き場から橋のような通路を渡って温泉へやってくる

*column*

**海の移動はバンカーボート**

コロンタウンの港。安定性を増すため両脇にアウトリガー（浮子）を備えたバンカーボートを利用してのダイビングや島巡りが人気だ。

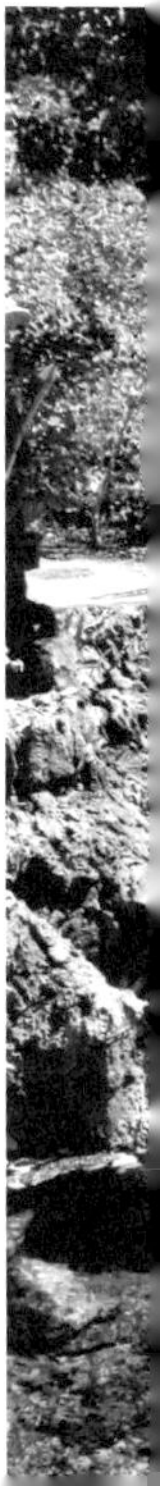

マキニット温泉（Maquinit Hot Springs）：フィリピン カラミアン諸島ブスアンガ島（Philippines, Calamian Group, Busuanga Island）　入浴施設：マキニット温泉（Maquinit Hot Springs）8～20時　https://guidetothephilippines.ph/destinations-and-attractions/maquinit-hot-spring　シーズン：12～5月が乾季、夏は台風の影響でマニラ発の便が欠航することも

Indonesia

# チソロック温泉

世界ナンバーワンのミストシャワー温泉

✦ POINT
- 学術誌もとりあげる「奇跡」の噴泉浴
- 適温の場所を探して温泉を全身で浴びたい

## 遠くても行く価値のある極めつけ温泉

首都のジャカルタからチソロック温泉までは150キロ。絶えず渋滞している道路を南下していくので、5時間以上はかかるが、温泉好きならそれでも行く価値がある。

多数の噴泉塔から常時勢いよく噴出する温泉は70~80℃と高温。高く噴き上がることで温泉は霧状に広がり、しかも空気に触れて湯温が下がるため、適温のミストとして川原に降り注ぐ。しかも温泉と川の水が混ざって、入浴に適した温度になる。

このような噴泉直下で入浴を楽しめる温泉は世界でも例がない。多くの条件や偶然が重なり合って生まれた、まさに「奇跡」の温泉だ。

駐車場から噴泉が見えるため、

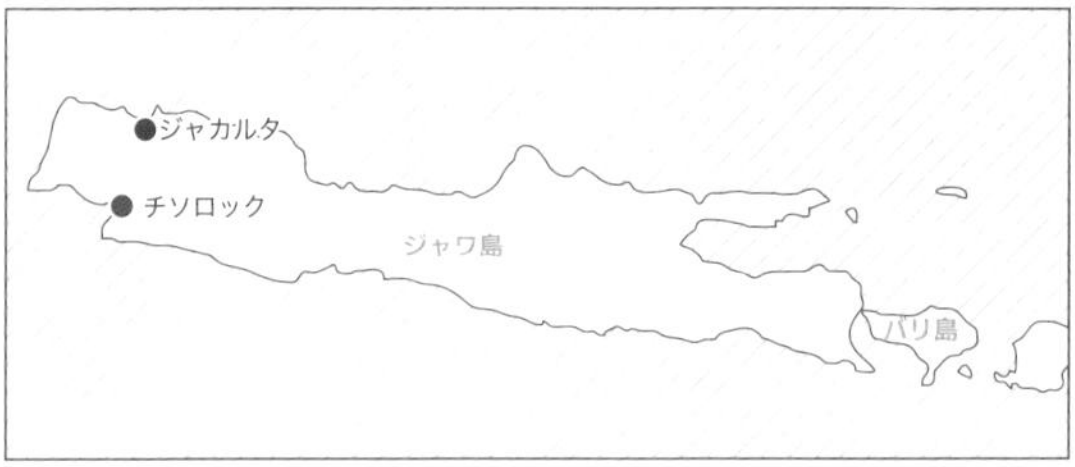


特集でとりあげたバリ島の西、ジャワ島にある。首都のジャカルタから車で約5時間。旅慣れていないとバス利用は難しい。ツアー参加か専用車利用が便利

噴泉は 20 以上。噴出口は析出物で白く固まっている。日本なら天然記念物に指定されるほど、大きく勢いのある噴泉塔だ

早く浸かりたいと気が急いてしまうが、大きな石がゴロゴロしているので、足元に注意して川原に降りる。上から見た以上に、あたりは蒸気で濛々としている。実際に浸かってみると、場所によって湯温はかなり差がある。人がいないところはとても熱いか冷たい。当たり前だが、人が密集しているところがちょうどいい湯加減なのだ。

イスラム教徒の多いインドネシアでは T シャツや衣服を着たまま入浴や足湯を楽しむ人が多い。中にはワンピース姿で浸かる女性も

川原へ降りるには危なげな橋を渡る

*column*

### 屋根つきの温泉プールもある

ミストシャワー温泉の後は、全身浴のできるプールで締めたい。この温泉で入れたお茶がおいしいとのこと。

チソロック温泉（Geyser Cisolok）：インドネシア 西ジャワ州スカブミ県（Indonesia, Jawa Barat, Sukabumi） 入浴施設：チソロック間欠泉（Geyser Cisolok ／＝ Pemandian Air Panas Cisolok）6 ～ 17 時 シーズン：雨季は川原が増水することがあるので、乾季の 6 ～ 10 月に訪れたい

Turkey

# スルタニエ温泉

**誰もが大はしゃぎしてしまう最強の泥湯**

## 身体が浮いてしまう不思議な入浴体験

トルコの南西部に位置するムーラ県。地中海に面し、夏には多くの観光客がビーチリゾートを訪れる。景勝地として知られるキョイジェイズ湖畔に、泥湯で世界的に有名なスルタニエ温泉がある。南側のダルヤンから日帰りのボートツアーに参加するのが一般的だが、湖の北側から車で訪れることも可能。レンタカーを利用すれば、パムッカレからも3時間ほどで着ける。

温泉は湖岸沿いの細長い敷地に広がっている。駐車場から見て一番手前に硫黄冷鉱泉を湛えた長方形のプールがある。硫黄臭が強烈で、白く細長い大粒の湯の華が大量に漂っている。泥湯だけの施設と思っていたので、見事な硫黄泉は驚くばかり。崖側の岩穴から湧出する源泉は25℃前後。なめると強烈な酸味がある。

その先のお椀をかぶせたようなトルコ式の大浴場には水深1メートルほどの円形浴槽が一つ。加熱した硫黄泉は40℃前後と適温だが、ヨーロッパからのツアー客はみな熱そうな顔をしている。男性用、女性用、混浴の時間帯があるが、これとは

✦ POINT

- 水着で参加するボートツアーが人気
- 泥湯だけでなく硫黄泉も超一級！

泥湯のあとは
湖へザブン！

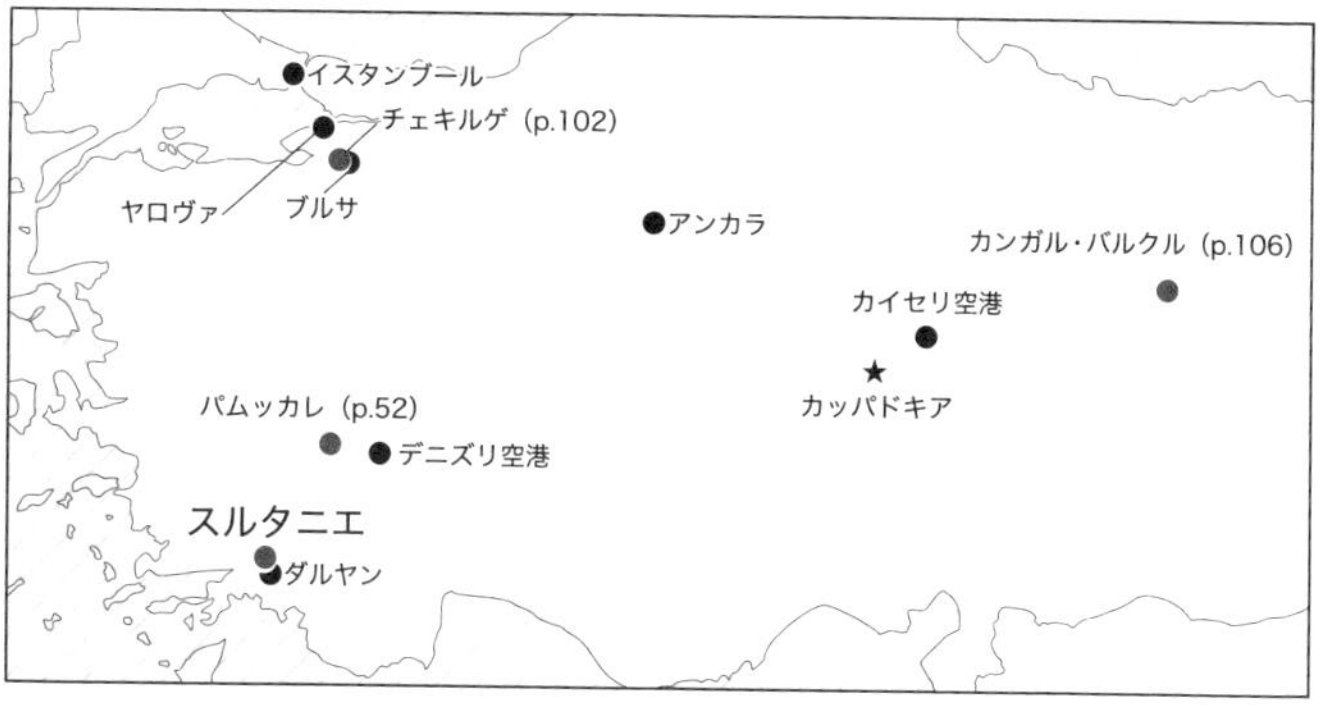
イスタンブール
チェキルゲ（p.102）
ヤロヴァ
ブルサ
アンカラ
カンガル・バルクル（p.106）
カイセリ空港
カッパドキア
パムッカレ（p.52）
デニズリ空港
スルタニエ
ダルヤン

イスタンブールから 1 時間 20 分でダラマン空港。空港からバスで 30 分のダルヤンからツアーボートで 45 分。もしくはパムッカレから車で 3 時間

ダルヤンからツアーで来る客はすでに大半が水着姿

午前中は次から次へと船が到着する

別に男女別の内湯浴場もある。

　カフェの奥に位置するのがメインの泥風呂で、見た目はごくふつうの長方形のプール。膝上ぐらいの深さだが、泥の粘性が非常に強い。一瞬浸かって立ち上がるだけで、すぐに全身は泥パック状態。浮力が強く、しっかりと足を踏ん張っていないと、身体が浮いてしまう。その感覚が面白いのか、みな大はしゃぎで入浴している。頭や顔まで塗りたくっている人も多い。全身の泥を乾かすために、じっと座っている姿は彫像のようだ。

　朝から昼にかけては十数台ものボートが入れ替わりにやってきてにぎわうが、午後になると観光客は減り、静かな温泉浴を楽しめる。周辺にはシンプルなペンションがいくつかあるので、連泊して湯治を楽しむ人もいるとのこと。世界各地に泥湯の温泉はあるが、規模、ロケーション、泉質などを総合して、ナンバーワンと呼んでいいだろう。

ツアーにはカメラマンが同行し、盛んに記念撮影をしている

泥を洗い流すには冷たいシャワーか湖に飛び込むしかない

浮力で身体が浮き上がってしまうため、大きな歓声があがる

トルコ式大浴場の外観。男女の入浴時間が掲示されている

トルコ式大浴場の浴槽。温かい温泉浴を楽しめる

硫黄冷鉱泉のプール。白くて大きな糸状の湯の華が多くすばらしい。だが、泥湯目当ての人は来ないので空いている

*column*

## 泥湯はもう一か所ある

1.5キロ南にマッドバス（泥風呂）という別の施設がある。ダルヤン発のボートツアーに参加する時は間違いないようにしたい。スルタニエと異なりサラサラ系の泥湯だが、広さでは勝る。こちらを好む常連客も少なくない。

スルタニエ温泉（Sultaniye Kaplıcaları）：トルコ ムーラ県ダルヤン町（Turkey, Muğla, Dalyan） 入浴施設：スルタニエ温泉（Sultaniye Kaplıcaları ／ =Sultaniye Thermal Springs and Mud Baths） 7～22時 http://www.koycegiz.gov.tr/sultaniye-kaplicalari シーズン：4～9月。真夏は東京よりも暑いが雨は少ない。冬は東京より温かいが雨が多い

**✦ POINT**

- 海は浅いので泳げなくても大丈夫
- 温泉と一緒に古代遺跡観光を楽しもう

Tunisia

# コルブス温泉

## 地中海へと流れ込む豪快な石灰華滝

### 海水浴を同時に楽しめる絶景温泉

　チュニジアは地中海に面した北アフリカの国。ヨーロッパから近いこともあってビーチリゾートが発達しており、南部のサハラ砂漠観光も人気だ。古代ローマ時代の水道橋や円形闘技場など超一級の遺跡も数多く残っている。中でも、地中海を挟んでローマと対立したフェニキア人の都市遺跡カルタゴが有名だ。

　コルブスは首都チュニスの東、地中海に突き出したボン岬半島の温泉町。チュニジアで最も有名な温泉で、日帰りツアーで訪れることができる。昔から七つの源泉で知られ、中でも観光客に最も人気なのがアインアトロスの温泉。町から北へ約1キロの海岸にある豪快な野湯だ。源泉は道路脇の小屋にあり、59℃の温泉が湧いている。小屋の下には、メガネのレンズのように足湯浴槽が二つ並んだ広場があるが、熱すぎて上段の浴槽で足湯を楽しむのは難しい。温泉はそのまま岩場の斜面を流れ落ち、湯滝となって海へと注ぎ込む。湧出量は毎分２３４０リットルと多いので、豪快な打たせ湯を楽しめる。塩味の強い温泉で、崖の斜面は黄色と緑の析出物で覆われている。

　湯滝の直下は適温だが、離れるに従い湯温は下がる。温泉で体を温めた後、海で泳いで温冷交互浴を楽しむ人もいる。なお、道路沿いに売店や軽食堂が並ぶが、設備の整った脱衣場はない。多くの観光客は足湯脇の広場で着替えているが、貴重品の管理には注意したい。

　七つの源泉の中には、洪水で破壊されたものや、土砂崩れでアクセスできないものもある。だが、町中のいくつかの源泉は健在で、飲泉や入浴を楽しめる。じっくりと蒸し風呂に浸かりたい人には、アラカ温泉がおすすめ。白いポリ浴槽に浸かってジャグジー風呂を楽しむタイプの個

首都チュニスから東へ車で約１時間。日帰りツアーも催行されている

はっきりとした看板があるので場所はわかりやすい。奥の白い建物が源泉小屋

温泉の全景。手前側に海へと降りる階段がある。滝の直下は観光客が、右手のぬるめの場所には地元客が多い

壁の穴から注ぐ源泉は二つの足湯を経て海へ注いでいく

二つ目の足湯浴槽でも熱くて足をつけられないようだ

湯滝を真上から見るとこんな感じ

室が大半だが、お目当ては一番奥の個室。ライオンの口から勢いよく注ぐ源泉で室内はミストサウナ状態。窓が開かないため、温泉の蒸気による蒸し風呂を楽しめる。湯はアインアトロスと同じく塩味が強い。最後に水のシャワーで汗を流して終了。とても気持ちのよい湯だった。受付で「ハマム」と言えば、この個室へ案内してくれる。

「七つの源泉」という名のカフェ

❶アラカ源泉を利用した日帰り入浴施設。二階に浴室がある　❷ハマムと呼ばれる蒸し風呂の室内。約 50℃の温泉から発生した蒸気で、実際はもっと曇っている　❸ハマムではない一般浴室はこんな感じ

アインアトロスの南のファクロウン源泉。穴の中からぬるい湯が湧いている

街中にあるシェファ温泉。源泉を飲んだり汲んだりできる

町は小さな三角州で、洪水や高潮の影響を受けやすい。護岸の復旧工事が続いていた

*column*

### 世界遺産のカルタゴ遺跡は必見

紀元前５～２世紀に渡り、地中海交易で栄えたフェニキア人の都市国家で、世界遺産に登録されている。古代ローマの皇帝アントニヌスゆかりの浴場跡に立つと、正面にコルブス温泉のあるボン岬半島が見える。

コルブス温泉（Korbous Hot Springs）：チュニジア ナブール県（Tunisia, Nabeul）　♨ 野湯：アインアトロス（Ain Atrous）入浴自由　♨ 入浴施設：アラカ温泉（Ain Arraka ／ Araka）　シーズン：降水量は少ないが 11 ～ 2 月が雨季。夏は暑すぎるので 4 ～ 6 月、9 ～ 10 月がよい

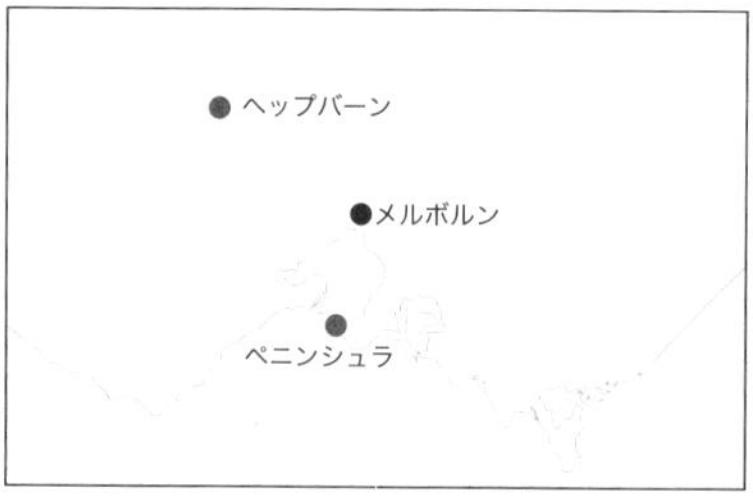


メルボルン空港から南へ車で１時間半

Australia

# ペニンシュラ温泉

## 風情のある岩風呂が印象的な南半球の湯

### 日本風の露天風呂を楽しめる人気の湯

日本の温泉などを研究して開業したというだけあって、親しみを感じる露天風呂が並ぶペニンシュラ温泉。地下６３７メートルから湧く温泉は、地下10メートルまで自噴しており、ここからポンプで汲み上げているとのこと。

広大な園内には、多数の露天風呂が点在している。湯は薄い紅茶色で湯口付近は赤茶色に変色している。塩化物泉特有のニオイを感じる温泉らしい温泉だ。源泉は約50℃だが、実際の湯温はプールごとに異なる。38～39℃とぬるめに設定されたプールが多く、のんびりと浸かることができる。

メインのエリアには、大小さまざまな露天風呂のほか、小石を敷き詰めた歩行浴槽に洞窟風の浴室、ジャグジーや打たせ湯などがある。みな岩や石を敷き詰めた趣きのある浴槽なのが嬉しい。

✦ **POINT**
- パノラマビューの絶景露天風呂を体験
- のんびり貸切りできる露天風呂がたくさん

斜面の途中の露天風呂の一つ。左手を滝が流れている。
声をかけるとポーズをとってくれた

木立の中に貸し切り感覚で入浴できる浴槽が点在する

斜面沿いに露天風呂が点在するエリアの階段を上ると、グループで貸切利用しやすい露天浴槽が次々と現れる。上段に進むと徐々に湯温も上昇する。圧巻なのは丘の頂上にある露天風呂。周囲に広がる牧草地や原生林など、あらゆる方向を見渡せる絶景湯だ。

エントランスの温泉マークも日本風

*column*

**老舗のヘップバーン温泉**

ペニンシュラ温泉の成功を受け、メルボルン近郊では新しい温泉施設の建設が続くが、元祖ともいえるのが 1895 年開業のヘップバーン温泉。今は洗練されたデザインの施設で日帰り入浴も受け入れているので、あわせて訪ねたい。

ペニンシュラ温泉（Peninsula Hot Springs）：オーストラリア ヴィクトリア州フィンガル（Australia, Victoria, Fingal） 入浴施設：ペニンシュラ温泉 5 ～ 23 時 https://www.peninsulahotsprings.com/ 入浴施設：ヘップバーン温泉（Hepburn Bathhouse）9 ～ 19 時（週末は 21 時まで） https://hepburnbathhouse.com/ シーズン：南半球のため日本とは季節が逆。1 年を通して旅に向くが、11 ～ 4 月がベスト

# 温泉に浸かって時を忘れる

温泉は気持ちいい。多くの温泉を訪ねていると、この人はいま「人間界を離れて極楽にいる」と思わせてくれる光景に出会うことがある。

**石灰棚にはまりこむ**

イタリアのサトゥルニア（p.14）は世界最高の石灰棚温泉。身体がちょうどすっぽりと収まるジャストサイズの石灰棚を見つけた女性を発見。頭と足を棚に載せて、猛烈な勢いの温泉を全身に浴び、極楽に浮かんでいた。

**タイの秘湯でたゆたう**

バンコクから日帰り可能なヒンダート温泉（p.90）。タイ人には熱めに感じられるようで、足湯だけの人が多いが、一人の女性が仏教でいう印を結ぶように指を組んで、微動だにせず浮かんでいた。

**粘度の高い
泥風呂に浮かぶ**

泥湯で有名なトルコのスルタニエ温泉（p.162）。いつも混雑しているが、一瞬の空白で浴槽が空くと、少年が一人極楽に浮かんでいた。まるで胎内回帰のような雰囲気で静止している。隣で見つめる父は何を思っていたのだろうか。

**どんな環境でも
極楽に行ける**

中国黒竜江省の五大連池。人気の炭酸泉を求めて多くの観光客が訪れる。浴槽へと降りる階段に足を載せて浮かんでいる女性を発見。混雑していても騒がしくても、極楽に行けるハガネのメンタルに脱帽だ。日焼け防止のために覆面を被っているが、目と口のまわりだけ焼けてしまわないかと心配になった。

温泉では、自分にとって気持ちのいい姿勢を見つける
ことが大切。あなたも最高のポジションを発見して、
「極楽な時間」を楽しんでほしい。

# エリア別温泉リスト

世界の温泉、ところ変われば③

# 源泉かけ流しは危険？

日本では「源泉かけ流し」の温泉が重用されるが、欧米の一部の商業的な施設では事情が異なる。オーロラが見られることで有名なチェナ温泉では、露天の源泉岩風呂に未成年者は入浴できない。殺菌消毒していないため、発育中の子どもには健康上のリスクがあるというのである。ドイツやカナダなどでも源泉入浴は推奨されない。入浴者の健康に配慮して、鉄分などを除去し不純物をろ過して、塩素で消毒した温泉水を用いている。「不純物」ではなく健康に有益な成分と考える日本とは大きな違いがある。

大人限定のチェナ温泉（アメリカ、アラスカ州）露天風呂（高緯度なので冬は昼でも太陽が昇らない）

子ども連れで利用できるチェナ温泉の室内プール。消毒用の塩素臭が強く、温泉情緒は感じられない

鉄分豊富なバート・ナウハイム温泉（ドイツ）の源泉槽。ただし、入浴できるのはろ過・消毒した無色透明の温泉プール

バンフ温泉の露天風呂。カナダの商業温泉では、ろ過・消毒に加え、浴槽周辺に木材や天然石の配置を禁止する「安全対策」がとられている

第4章

# 海外温泉旅のテクニック

## 実践的旅行ガイド

# 目的地の選び方

海外旅行の目的地の選び方は人それぞれだが、海外の温泉を旅する際は入浴に適した季節や、現地での移動手段もポイントになる。

以下の表は、本書で「特集」としてとりあげた6つの地域の特徴を整理したもの。この章の解説と併せて、旅行先を決める際の参考にしてほしい。

| 公共交通機関での温泉巡り | レンタカー運転の難易度 | 運転手つき専用車手配の難易度 | 平均費用<br>フリープランの場合 | その他 |
|---|---|---|---|---|
| 容易 | 台北周辺は難易度大<br>東海岸は容易 | ◎<br>対応会社多い | 8万円 | 日本語がかなり通じる<br>漢字による筆談も可能 |
| 難しい | 島南部は難易度大<br>北部は容易 | ◎<br>対応会社多い | 15万円 | 観光客対応に慣れている<br>観光地では英語が通じる |
| 難しい | 容易 | △<br>可能だが、対応会社少ない | 20万円 | 英語が共通語<br>日本と同じく車が左通行 |
| 難しい | 容易 | △<br>可能だが、対応会社少ない | 40万円 | ほとんどの人が英語を話す<br>短い夏に観光客が集中 |
| 市内は容易 | 大都市部を除けば中程度 | ○ | 25万円 | 観光地では英語が通じる<br>年配者は英語を話さない |
| 難しい | 大都市部を除けば中程度 | ○ | 35万円 | 観光地では英語が通じる<br>人気が高く物価は高い |

### 費用について

費用はまさにピンキリ。夏休みや年末年始の旅行代金は、オフシーズンの２～３倍が当たり前だし、日数が増えれば費用も増す。ホテルのレベルや専用車の有無、食事の質などで、費用は何倍にもなる。極端な格安プランの場合、マイナーな航空会社を途中で乗り継ぐケースが多く、日系や大手の航空会社の直行便は高めとなる。
表中の金額はあくまでも目的地の比較用。ピークではないが、温泉旅行に適したシーズンに、マイナーでない航空会社を利用し、中級ホテルの利用を想定した平均額である。為替相場や燃油サーチャージ（航空運賃に付加される燃料相当の変動料金）の動向で大きく変化する。

**「特集」の国を実際に旅行するには？**

| 「特集」でとりあげた国<br>（都市） | 東京～目的地の空港までの最短時間 | 最短日数 | ベストシーズン | 旅行のタイプ<br>（観光か温泉か） | ツアーの多さ |
|---|---|---|---|---|---|
| 台湾（台北） | 直行便で4時間 | 4日 | 10～4月<br>夏の台風に注意 | 観光も温泉も | 非常に多い |
| インドネシア<br>（バリ島デンパサール） | 直行便で7時間半<br>ジャカルタ乗継で11時間 | 5日 | 4～10月<br>特に6～9月 | 観光も温泉も | 非常に多い |
| ニュージーランド<br>（ロトルア） | オークランド乗継で14時間 | 5日 | 12～3月<br>日本とは季節が逆 | 温泉重視 | 少ない |
| アイスランド<br>（レイキャビク） | ヘルシンキ乗継で約20時間 | 6日 | 6～9月<br>冬は厳しい | 温泉重視 | 少ない |
| ハンガリー<br>（ブダペスト） | ヨーロッパ内乗継で18～22時間 | 7日 | 4～10月<br>冬はかなり寒い | 観光も温泉も | 多い |
| イタリア<br>（フィレンツェ） | ヨーロッパ内乗継で18～22時間 | 7日 | 4～10月<br>夏は混雑 | 観光も温泉も | 多い |

※あくまでも目安。乗継ぎ地により移動時間は変わり、その分現地滞在日数が減る。
観光を増やせば滞在日数は増える。費用はさまざまなファクターで大幅に変化する。

# 旅行のタイプはどうする？

どのようなタイプの旅行が向いているかは、その人の経験や好みで変わる。代表的な３つのタイプの長所や短所を比べてみよう。

## パックツアー

添乗員が同行して、ホテルのチェックインからバスでの移動まで、すべての面倒をみてくれるツアーを指す。トルコのツアーには間違いなくパムッカレが含まれるし、ハンガリーのブダペストでは温泉を訪れるツアーが少なくない。台湾では北投温泉での宿泊、アイスランドではブルーラグーンでの入浴を含むツアーもある。

海外旅行や外国の温泉に不慣れな人、とりあえず海外の温泉を１つでも体験したい人には、この種のツアーがおすすめ。料金が安めなのは助かるが、団体行動が苦手な人には向かない。パムッカレを訪れても石灰棚を見学するだけで、アンティーク・プールでの入浴が含まれず、ブダペストでゲッレールト温泉を訪れても、ガラス窓から見学するだけということもある。ツアーに何が含まれて何が含まれないのかを事前に確認しておこう。

## フリープラン（エアー&ホテル）

日本から目的地までの往復航空券とホテルの宿泊費という旅の基本パーツだけで構成されるツアーを指す。ツアーによっては、到着空港とホテル間の送迎車を含む場合がある。添乗員は同行しないので、空港やホテルでのチェックインは自分で行う必要がある。一方、滞在中の時間を自分の好むままに使えるのは魅力だし、旅行会社の主催なので、現地でのトラブル時にある程度対応してもらえるメリットもある。

178ページの表のうち、台北、バリ島、フィレンツェ、ブダペストなどはフリープランを利用しやすい。これらの都市に滞在すれば、紹介した多くの温泉を日帰りで旅行できる。大きな荷物や貴重品をホテルに預けたまま、温泉を巡れるのはありがたい。

フリープランを利用して、滞在中の一泊だけ個人で宿を予約してもよい。例えば、台北４泊５日のツアーを申込み、１泊目は予定通り台北に宿泊する。２日目か３日目から１泊２日で東海岸の温泉を巡り、再び台北のホテルに戻るのだ。礁渓（ジャオシー）や知本（ヂーベン）などの有名な温泉に泊まることもできる。台北の１泊分が無駄になるが、貴重品や重い荷物をホテルに預けておけるし、個人旅行より手配は簡単で割安だ。ただし、別の場所に１泊することはホテルやツアー会社に伝えた方がよい。

## 個人旅行

航空券、ホテル、移動手段などをすべて自分で手配するタイプの旅行を指す。行きたい場所を自由に組み合わせられる一方で、飛行機の遅延・欠航や荷物の紛失などのトラブルが生じても、自分で対処しなくてはならない。その意味では旅慣れた人向けだが、ニュージーランドやアイスランド、または複数の国の温泉を巡りたい場合は、個人旅行が向いている。今はネットでフライトやホテルを予約するのは容易なので、慣れれば難しくはない。ただし、フライトやホテルのキャンセルや予約変更条件はしっかり確認しておきたい。個人旅行の注意点は、後ほど詳しく説明する。

# 現地での移動手段も考えよう

海外の温泉を旅する場合、公共交通機関で簡単にアクセスできる温泉は少ない。

現地での移動手段も、目的地を考える上では大きなポイントだ。

### 公共の交通機関

鉄道やバスを利用して温泉に行けるなら安上がりである。日本のように鉄道が発達している国は少ないが、台湾は例外で鉄道を中心に移動しやすい。日本と共通の漢字が多く、文字を読んで理解しやすいのもメリットである。ハンガリーもブダペスト市内や近郊の温泉は公共交通で行くことができる。バスを利用できれば行動半径が飛躍的に広がるが、ある程度上級者でないと海外でバスを乗りこなすのは難しい。また、公共交通で移動する場合には、大きな荷物をどうするかという問題がつきまとう。

### レンタカー

荷物を車に載せたまま、好きなところへ行けるし、まとまった人数がいれば、1人あたりの負担額も小さい。慣れてしまえば、これほど便利な手段はないが、最初に海外で運転するまでのハードルは高い。交通量が少ない国から徐々に慣れるしかない。日本と同じく車が左側通行で交通量の少ないロトルア（p.128）はレンタカーデビューに向いている。

### シャトルバスまたは日帰りツアー

空港やターミナル駅からシャトルバス（または日帰りツアー）を運行している温泉施設もある。アイスランドのブルーラグーン（p.142）やランドマンナロイガル（p.144）などは毎日多くのツアーが実施されている。または宿泊する温泉宿にメールなどで連絡を取れば、往復のシャトル（送迎車）を手配してくれる。1日に1か所の温泉を訪ねるだけであれば、シャトルや日帰りツアーは有力な選択肢となる。

### 専用車

レンタカーはどうしても心配というならば、専用車を手配しよう。観光タクシーを借り切るようなもので、半日利用、1日利用などのプランがある。フリープランには現地のオプショナルツアーとして専用車プランが掲載されていることが多く、事前に日本で予約しておけば安心だ。

専用車のドライバーは基本的に車を長時間離れられないので、別にガイドがいてくれると、温泉まで同行してくれて便利である。しかも日本語ガイドがいれば、温泉地に着いてからも安心で、料金の支払い方法や入浴時の注意などを教えてもらえる。

2人を雇うので割高になるが、割り勘できるなら負担額は減る。日本語ガイドを手配できる都市は限られるが、英語ガイドの手配は容易だ。現地語のドライバーのみが一番安く、ドライバーと日本語ガイドを依頼する場合が一番高い。料金は一概に言えないが1日8時間で4～10万円。ピーク期の人気都市はさらに高額となる。

# 出発前に確認しておくこと

ツアーの場合は旅行会社からの連絡に従って準備をすればよいが、個人旅行では次のような準備を自分でする必要がある。

## パスポートとビザ

パスポートの有効期限の確認はもちろんだが、国によっては入国に際しビザ（査証）が必要となる。ビザとは渡航先の国に事前に申請して、審査を受け発行される入国許可証のようなもの。そのために何度も大使館に出向くのが難しい場合は、代行会社に依頼することもできる。ビザの有無や取得法はその国の大使館情報などで確認しよう。

## ウェブでの事前申請

アメリカのESTA（エスタ）のように、ビザが不要な国でも事前に電子渡航認証を求めるケースが増えている。国によっては、電子ビザ、税関申告、健康情報等のアプリをダウンロードして、ウェブで事前申請する必要がある。制度はころころ変わるので、大使館や日本の外務省のウェブサイトなどで、最新の情報を確認して対応しよう。

## 海外旅行傷害保険の加入

現地の旅行会社に日帰りツアーや専用車手配を依頼し、万一事故が生じた場合、その国の相場で補償があるだけというケースがほとんど。きちんとした登録業者でないと、一切の補償を得られない場合もある。あとで後悔しないためにも、出国前に日本でしっかりとした傷害保険に入っておきたい。空港で出発時に加入することもできるが、ウェブでの事前加入が安心だ。

## たびレジへの登録

外務省による海外安全情報無料配信サービスのこと。事前に登録しておけば現地での安全情報を配信してくれ、災害やテロが起きた際にも、メッセージが届いて対処法を指南してくれる。たとえば、「○月○日は○○広場で大規模な反政府デモが計画されており近づかないように」というメッセージが届く。

## スマホ

いまや万能機器となりつつあるスマホは海外旅行に不可欠。大手のスマホはそのまま海外で使える機種がほとんどだが、初回だけ事前の手続きが必要な会社や機種もあるので、マニュアルを確認しておきたい。カメラ性能は飛躍的に向上し、撮影場所のGPS座標は写真の整理に役立つ。温泉を探すために地図機能を使うことも多いし、翻訳機能を使って会話や外国語表示の翻訳もできる。ウェブでの事前申請は「到着の24時間前から有効」といった国もあるので、スマホがないと困ってしまう。なお、各種アプリの自動更新設定を「オフ」にするか、Wi-Fi接続時のみ更新可という設定にしておかないと、海外滞在中に自動でアプリのアップデートが行われ、思わぬ金額を請求されることがある。

## レンタルWi-Fi

海外でスマホを使う際、現地のWi-Fiスポットを利用するだけでは不十分なことが多い。携帯会社によっては国際ローミングサービスを使って、Wi-Fiがなくても一定時間のネット利用ができるが、安心面を考えるとレンタルWi-Fiを手配しておきたい。モバイルルーターのほか、各国の電圧に対応した充電器や変換プラグも同梱されていて便利だ。

## 両替

必ず使うと思われる額を出発前に両替し、現地で必要に応じて追加で両替すればよいが、日本円を両替できない国や地域も多いので、米ドルかユーロを一定額持っているとよい。

## レンタカーの予約と国際運転免許証の取得

海外でレンタカーを利用する場合は、できるだけ事前に予約するとともに、国内の運転免許センターで国際運転免許証を取得しておこう。

# 持ちもの＆あると便利なもの

海外旅行に必須の持ちものと、温泉旅ならではの「あると便利なアイテム」を紹介するので、旅に出る際は活用してほしい。

### パスポート

温泉場での水濡れ予防のため、防水ケースやジップロックなど密封できる袋に入れておくとよい。筆者は温泉に水没させて帰国に苦労したことがある。また、万一の紛失・再発行に備え、パスポート用サイズの顔写真を２枚持っておくとよい。

### クレジットカード

現金を持たなくてよいので便利だが、あまり日本人が渡航しない国を旅する場合は、事前にカード会社に電話連絡を入れておかないと、「通常と大きく異なる使用」と判断され、カード使用がロックされてしまう場合がある。また、途上国のレストランなどでを店員に手渡して決済する場合に不正使用が起きやすい。怪しいと思ったらカード使用を控えた方がよい。なお､使えない時に備え複数会社のカードを持っているとよい。

### 現金

途上国では現金しか使えない場合が多い。急に両替しなければならないときに、どこでも使えるのが米ドルだ（50ドル以上の高額札は嫌がられることもある）。１ドル札はちょっとしたチップにも使える。

### 水着とタオル

その後の移動を考え速乾性のものを準備したい。また、硫黄泉でニオイがついたり、鉄泉で茶色に染まったりする可能性も考慮し、温泉では大切な水着を用いないのが賢明。何か所も入浴するとタオルが臭くなるので、タオルは２枚以上持参したい。水場を歩くためのビーチサンダルもあると便利。バスタオルはあってもよいが荷物が増える。

### ウインドブレーカーまたは薄手のジャケット

裾が長めのものは野湯で着替える際に便利。
フードつきなら雨除けや、冷房が効きすぎる場合の防寒にも利用できる。

### カメラ

カメラを持参する場合は温泉での使用を考え、防水機能を確認しておきたい。なお、写真撮影禁止の温泉もあるし、イスラム圏などでは人に向けて撮る際に相当な注意が必要。ほかの入浴者がいるときは、挨拶や基本的なコミュニケーションをとった上で、了解を得てから撮るようにしたい。

### パソコン・タブレット

1台なら問題ないが、複数だと販売用と誤解される可能性がある。また、保安検査の際、まれに電源を入れるように求められることがある。多くの国でパソコン1台、スマホ2台、カメラ1台程度の持ち込みは認められている。

### 変圧器、電源プラグ、充電器、接続ケーブル

国によって電圧やコンセント（プラグ受け）の形状が異なるため、日本の電化製品はそのまま海外で使用できない。渡航先に応じた変圧器、変換プラグが必要なので、準備しておきたい。リチウム電池を含む充電器は発火の可能性があり、空港の保安検査で厳しくチェックされる。レンタルWi-Fiを利用した際は充電器1台が同梱されているので、自前のものを含めるとすでに2台となる。必要以上の台数を持たないようにしたい。

### 医薬品

持病の薬はもちろん、風邪薬、胃腸薬、酔い止め、痛み止め、目薬などが必要であれば持参する。同じ薬品を大量に持っていると、「薬物に敏感な国」では税関で引っ掛かることがある。持参する薬の多い人は、薬の名前（用途）を英語で記した一覧表を同封しておくとよい。なお、ホテルの歯ブラシ、公衆トイレのトイレットペーパーはない国が多い。

### 虫よけ、日焼け止め、シャンプー類

必要な人は持参したほうがよいが、飛行機に乗る際の液体持ち込み制限を考慮し100ミリリットル以下の容器に入れておく必要がある。なお、大小さまざまなサイズのビニール袋を持参すると分類や収納に使え便利である。

### 非常食

現地の食事が合わないとき、移動が長くて食事がとれないときには、湯や水を注げば食べられる乾燥米（アルファ米）が便利だ。ただし、肉や魚が含まれるものは、国によって税関での自主申告が必要となる。筆者は尾西食品のわかめご飯、赤飯などを愛用し、何度も助けられてきた。

### 勇気と気合

旅慣れていても、未知の国への出発前は不安なもの。中南米やアフリカなどの情報が少ない国へ1人で旅立つ際は、筆者も出発数日前くらいに不安がピークを迎える。特に目的地までの乗り継ぎが多い時や体調が万全でない時はなおさらだ。ただ、行きたい気持ちが不安に勝り、これまで旅を重ねてきた。不安感が強めという性格の人は、安心できる同行者との旅を計画しよう。

# 海外の温泉で注意すること

## 水着が必須

個室風呂以外は水着着用が原則という国が多いので、水着は不可欠。温泉プールエリアでは水泳帽が必要な時もあるので、水泳帽も持参しよう。国によっては肌の露出を避けた方がよく、ＴＰＯに配慮した水着選択を心がけよう。

## 事前予約が必要な施設の増加

コロナ禍以降、混雑を避ける風潮が加速していて、欧米では入浴だけでも事前のウェブ予約が必要な施設が増えている。知らずにブルーラグーン（p.142）のような有名温泉を訪れると、入浴できないということになりかねない。海外旅行のガイドブックも急な制度変更には追いつけないので、個人旅行の場合は事前にウェブで最新の情報を確認する習慣を身につけたい。

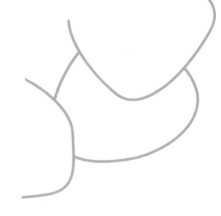

## 帰国日や移動日に注意

飛行機に乗る際、たっぷり濡れた水着やタオルが空港の保安検査でひっかかることがある。帰国日や移動日に入浴した場合は十分に脱水し、場合によっては透明な袋に入れて、水着やタオルであるのが一目でわかるようにしておきたい。

最終日に硫黄臭の強烈な温泉に浸かるのも厄介もの。体に付着した硫黄臭を発したまま、飛行機の狭い座席に長時間座るのは避けたいところだ。

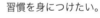

## 体調が十分でない時の注意

熱があるなど気分が悪い時は無理して入浴しないようにしたい。特に標高2500 メートルを超える高地で気分が優れない場合は、高山病が疑われる。高地で体調が優れない時の全身浴は絶対に避けたい。

## 入浴できない温泉に注意

地震や洪水などの自然災害で温泉がしばらく休館になってしまうことがある。また、施設の改修工事で入浴できないこともあるし、冬季の休業もある。すべての情報を事前に把握できるわけではないが、膨大な時間をかけて訪ねて、「やっていませんでした」は悲しいので、できる限りの準備をしたい。

## 貴重品の管理

温泉では水着か裸になるので、パスポートをはじめ貴重品の管理に気を遣う。ホテルのフロントやセイフティボックスに貴重品を預けて入浴するのが一番だが、そうはいかないときがある。

大きな施設には脱衣用の鍵付きロッカーがあり、コインロッカーを備えた施設もあるので、信じて利用するのが一番。一方、何もない共同浴場や野湯では、目や手の届く場所にカバンや貴重品を置くしかない。レンタカーや専用車の車内に貴重品を隠していくか、温泉まで持参するかは、その時々の状況で判断するしかない。

# 個人で宿や専用車を予約するときは…

check！

01

## 条件をよく把握して宿の予約を

インターネットを使えば世界中の宿を個人で予約できる。食事の有無や、キャンセル料の発生時期などに注意して予約したい。複数の会社を比べて最安値を紹介してくれるサイトは便利だが、極端な安値の場合、即日カード決済で返金不可の料金や、訳ありの部屋（工事中でうるさい、窓がない）ということがある。「条件」をよく理解して使いたい。空港や駅からの送迎車を追加手配できるサイトもある。なお、到着時間が深夜のときは、多少高額でも空港や駅近くの宿を予約したい。特に、フライトの関係でホテル到着が未明や早朝になるときは、メール等で伝えておかないと、キャンセルされてしまうことがある。

check！

02

## ミニマムステイに注意

夏休みやクリスマスシーズン、その都市で大きなコンサートやスポーツの試合などが行われるハイシーズンに人気の温泉に宿泊したい場合は、ミニマムステイに注意する必要がある。ハイシーズンには最低２泊（もしくは３泊）でないと宿泊できない設定をしている宿が少なくないのだ。ミニマムステイ期間なら複数日の連泊を選ぶか、時期を変えて１泊でも可能な日に予約するしかない。

check！

03

## 専用車の代金支払い方法

ウェブで検索すると、渡航先で専用車を手配できる会社がわかる。あとは口コミやその会社のウェブサイトを吟味して依頼すればよいが、最初に支払い方法を確認した方がよい。その会社の事務所が日本にもあって、日本の銀行口座に振り込めるなら一番安心だし、クレジットカード決済の場合、セキュリティのしっかりした決済システムを採用していれば問題ない。中には「カード番号と有効期限、セキュリティコードをメールで送ってくれ」という会社もあるが、信用できるかどうかの判断は難しい。

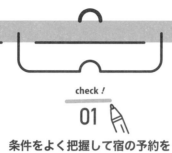

# そのほかの注意事項

check !

## 01

### その国の情報をできるだけ集める

治安面で気をつけたい場所、季節別・地域別の気温や降水量、通貨と物価の相場など､その国の基本情報を予め確認しておきたい。重要な祝祭日に旅行すると、店が閉まっていたり、大勢の人が移動したりで混乱するし、その国の社会制度や歴史についての基本的な理解も必要である。国別の詳細な情報まで本書で説明することはできないので、「地球の歩き方」などのガイドブックを併用してほしい。

check !

## 02

### 次に起きることを先取りして考える

入国審査に向かう時はパスポートを予め取り出しておく、バスや電車に乗るときは小銭を準備しておくなど、次に起こることへの「予測と対処」がとても重要である。懐中の貴重品袋を人前で取り出してバタバタ探している旅行者を時折見かけるが、これでは貴重品のありかがバレバレで心配になる。

check !

## 03

### ひとつの情報が正しいとは限らない

情報が間違っていることが多々ある。空港の搭乗口、荷物が流れてくるカルーセルの台はもちろん、飛行機の出発時刻すら信頼できない。時には 15 分早発ということもある｡ひとつだけの情報を信じず､二重､三重の確認を現地で心掛けたい。

check !

## 04

### 挨拶が重要

見知らぬ人と同浴する場合、日本では会釈する程度だが、海外では声に出して挨拶した方がよい。「得体の知れぬ東洋人」でいるよりは、「日本から来たこと、この国が好きで来たこと」を簡単でいいから、笑顔で相手に伝えたい。

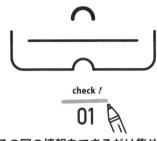

# おわりに

海外の温泉というと、「水着での入浴は嫌だなぁ。裸で入りたい」という声をよく聞きます。筆者も最初はそう思っていましたが、実際にはすぐに慣れてしまいます。「あの温泉は水着だったのか、裸だったのか」といっても思い出せないほどささいな問題です。水着ならばカップルや家族で一緒に浸かれますし、現地の人たちとの交流も進みます。裸に比べれば、思い出の写真を撮りやすいのもメリットです。バックパックやキャリーケースに水着を入れて、ぜひ海外の温泉を楽しんでほしいと思います。

本書に掲載した温泉は、筆者が実際に入浴して気持ちよかったものばかりです。とはいえ、人によって感想はさまざまなので、「なぜあの温泉が含まれないのだ」という意見があるかもしれませんが、ご了承ください。

今回の温泉旅でも、大勢の人たちにお世話になりました。まずは各国での温泉旅を支えてくれた旅行会社、ドライバー、ガイド、海外在住の日本人の皆さんに感謝を申し上げます。すべての人々のお名前を記すことはできませんが、朋美さん、レオナルドさん（イタリア）、ナジさん（ハンガリー）、ルルアさん（ジョージア）、磯辺さん、佐藤さん（メキシコ）、金子さん、フストさん（グアテマラ）、原田さん（コスタリカ）、新井さん（コロンビア）、田中さん、ヌーリさん（チュニジア）、足立さん（トルコ）、柴田さん（インド）、スントロさん（インドネシア）、ケイさん（フィリピン）には特にお世話になりました。

また、「どうせ今回も変な温泉を仕込んでいるでしょう」と言いながらも海外旅につきあってくれたり、「そんな危なそうなところ、一人で行ってきて」と快く送り出してくれたりした妻と、物心つかないうちから、国内外の温泉に連れていかれては、大はしゃぎで楽しみながら成人を迎えた息子には感謝の言葉しかありません。私にとってまさに宝物です。

最後に、これまでに類のないユニークな書籍を、前著に続いて出版してくださった「みらいパブリッシング」の皆様に心からの御礼を申し上げます。中でも編集の松下さんとは、最初の企画段階から二人三脚で歩んできました。どんなに助けられたかは言葉で言い尽くせません。デザイナーの洪さんをはじめ、すばらしいスタッフの皆さんのご協力なしに本書は完成できませんでした。

ほかにも紹介したい魅力的な温泉はたくさんありますし、世界には筆者が見知らぬすばらしい温泉がまだまだ隠れていると思います。いつか、他の名湯・秘湯・珍湯を紹介する機会があれば嬉しく思います。

鈴木浩大

**鈴木浩大**（すずき・こうだい）

絶景温泉探検家

1962 年神奈川県生まれ。
学生時代からの旅好きで、人生の半分以上を温泉旅に費やしてきた。
21 世紀に入る頃には海外の温泉に興味を持つようになり、
これまでに訪ねた海外の温泉は 49 か国、約 1200 か所。

海外の温泉巡りを計画する読者が苦労しないガイドブックを目指して、
これまでの旅で学んだ経験や失敗を余すことなく本書で紹介した。

今後も新たな温泉を求める旅を続け、世界の温泉のすばらしさを多くの人々に届けたい。

主な著書に『ほぼ本邦初紹介！ 世界の絶景温泉』（みらいパブリッシング）がある。

地球の歩き方 WEB『絶景温泉探検家、鈴木浩大の世界のスゴイ温泉旅』（連載中）
https://www.arukikata.co.jp/
ブログ：世界の絶景温泉　https://onsentraveler.hatenablog.com/

**地図制作協力**

- d-maps.com（p.13、p.61、p.75、p117、p.127、p.141）
  https://d-maps.com/index.php?lang=ja
- 白地図専門店
  https://www.freemap.jp/

**さあ、海外旅行《かいがいりょこう》で温泉《おんせん》へ行《い》こう**
**親切《しんせつ》ガイド　世界《せかい》の名湯《めいとう》50 選《せん》**

2024年6月26日　初版第1刷

著　者　鈴木浩大
発行人　松崎義行
発　行　みらいパブリッシング
〒166-0003 東京都杉並区高円寺南4-26-12 福丸ビル6階
TEL 03-5913-8611　FAX 03-5913-8011
https://miraipub.jp　MAIL info@miraipub.jp
編　集　松下郁美
ブックデザイン　洪十六
発　売　星雲社（共同出版社・流通責任出版社）
〒112-0005 東京都文京区水道1-3-30
TEL 03-3868-3275　FAX 03-3868-6588
印刷・製本　株式会社上野印刷所

ISBN978-4-434-33707-9 C2026

写真はすべて筆者が現地で撮影したものですが、現在は状況が変わっている可能性もありますのでご了承ください。掲載している情報は発行時現在のものです。参考程度にご覧ください。また、ご旅行前には外務省の海外安全ホームページなどで、渡航先の最新の情報を確認されることを強くおすすめいたします。